공부 달인, 공부의 신으로 거듭나는

10분
몰입
공부법

공부 달인, 공부의 신으로 거듭나는

10분
몰입 공부법

초판 1쇄 발행   2017년 7월 25일

지은이   l 이주연

발행처   l 이너북
발행인   l 김청환

책임편집 l 이선이

등록   l 제313-2004-000100호
주소   l 서울시 마포구 독막로 27길 17(신수동)
전화   l 02-323-9477, 팩스 02-323-2074
E-mail l innerbook@naver.com
블로그   l http://blog.naver.com/innerbook
페이스북 l https://www.facebook.com/innerbook

ⓒ 이주연, 2017
ISBN 979-11-88414-00-0   03370

• 이 도서의 국립중앙도서관 출판예정도서목록(CIP)은 서지정보유통지원시스템
  홈페이지(http://seoji.nl.go.kr)와 국가자료공동목록시스템(http://www.nl.go.kr/
  kolisnet)에서 이용하실 수 있습니다.(CIP제어번호: CIP2017014348)

공부 달인, 공부의 신으로 거듭나는

10분
몰입
공부법

이주연 지음

●이너북

나는 이 아이들에게
어떤 이야기를 해줄 수 있을까?

20년 동안 교사로 재직하면서, 그 후로도 수년 동안 학교 밖에서 학생들의 문제에 대해 관심을 가지고 공부하면서, 그리고 두 아이를 키우는 엄마로서 끊임없이 나에게 묻고 있는 질문이다.

우리 학생들은 할 수만 있다면, 누구나 공부를 잘하고 싶어한다. 학교에서 공부 잘하고 싶은 사람 손 들어보라고 하면, 반 아이 모두 손을 든다. 전교에서 아주 낮은 성적을 갖고 있는 아이까지 쑥스러워하면서 손을 드는 모습을 보면서 한편으로는 안타까웠다. 공부를 정말 잘하고 싶은 생각이 간절한데 행동이나 습관이 따라주지 않는 것이다.

아이들은 학교에서 평균 6교시에서 7교시 정도의 수업을 받는다. 그런데 그것이 끝이 아니다. 집에 돌아와서는 평균 두세 시간 정도 숙제를 하고 학원에 가서 또 두 시간 정도 수업을 듣는다. 하루에 총 몇 시간이나 앉아 있는 것일까? 대충 짐작만 해도 하루 대부분의 시간을 공부한다고 앉아 있는 것이다.

이런 아이들의 일상을 보면서 "공부를 더 열심히 해야 한다"고 또는 "공부가 중요하지 않으니 하고 싶은 대로 하라"고 말할 수도 없는 상황이다.

초·중등학교 과정은 학생들의 인지적·정서적·사회적 부분까지 통합적으로 발달해가는 시기이다. 그 가운데에서도 학업 성적이 자신의 진로뿐 아니라 자존감을 비롯한 정서적 부분, 사회적 관계 형성에도 매우 큰 영향을 끼친다. 아이들은 성적을 통해서 친구, 부모님, 선생님들에게 인정을 받는다고 생각하면서 자신의 자존감을 형성해간다.

보통 초등학교 저학년까지는 부모가 공부를 시키면 어느 정도 따라온다. 그런데 고학년이 되면서부터 사춘기가 시작되고 자의식이 발달해 부모와 아이들 사이에 의견 차이가 생긴다. 부모 입장에서는 지금이야말로 본격적으로 공부해야 하는 시기라고 생각하고 사교육의 힘을 빌려서라도 공부를 시키고 싶어 한다. 반면 아이 입장에서는 갑자기 엄청나게 늘어나는 공부의 양을 견디기가 힘들어진다. 점점 더 서로의 의견 차이가 벌어지면서 이런 구조가 고등학교 3학년까지 가는 경우가 많다. 부모와 아이들이 조바심을 낼수록 둘의 관계는 더욱 깊은 수렁으로 빠지는 느낌이다.

이런 상황에서 공부를 하는 것이 피할 수 없는 일이라면, 어떻게 하면 공부를 잘하게 도와줄 수 있을까에 대해 고민을 했다. 일단 아이들에게 "공부 열심히 하라"는 추상적인 말은 크게 도움이 되지 않는다. 구체적인 조언이 필요하다. 그 조언이 바로 현재에 집중할 수 있는 10분 몰입 공부법이다. 이것을 미래의 진로 문제와 하나의 축으로 연결시키면 동기부여에 효과적이다.

객관적인 자료를 이용하여 아이와 이야기를 하면, 아이의 특성이나 힘들 수 있는 부분에 대하여 분석하고 서로 공감하면서 아이들의 마음 문이 열리는 경우가 많다. 그리고 이 자료를 토대로 진로의 윤곽을 잡고 고3까지의 로드맵을 함께 그릴 수 있다. 이렇게 아이들의 진로 방향을 알려주면서 현 상황을 함께 분석해주면 아이들은 공부를 하고 싶은 마음이 생기기 시작한다. 이 마음을 잘 다잡아서 일상의 공부 습관으로 연결시켜주고 그것이 자리 잡도록 도와주면서 지켜보면 아이들은 놀라울 정도의 변화를 보인다.

이 책의 구성은 다음과 같다.

총 5장으로 구성되어 있는데, 1장은 학습 동기 유발을 위해 자신의 꿈과 진로계획을 세우는 것이 중요하다는 것을 제시하고 있다.

2장은 공부를 잘하는 학생들의 특징을 분석하였고, 3장은 공부를 하는 데 습관이 얼마나 중요한지에 대해 말하고 있다.

4장은 공부의 구체적인 해법을 제시하는 내용으로, 작은 습관으로 잘라서 공부하는 것의 중요성과 그 습관을 생활 속의 여러 부분으로 적용할 수 있는 사례를 들어 제시하고 있다.

5장은 '지금 이 순간 할 수 있는 습관이 곧 나의 미래를 결정한다'는 원리에 대하여 구체적인 사례를 들어 이야기하고 있다.

적지 않은 시간 동안 교육 현장의 한가운데 있어온 교사, 학부모, 교육전문가 입장에서 공부 열심히 하라는 추상적인 격려가 아닌 구체적인 방법을 제시하고자 노력했다. 동시대를 한 발 먼저 살아가고 있는 어른들 입장에서도 자신의 진로가 결정되었던 과거를 생각하면 안타까운 점이 있을 것이다. 나 또한 그렇다.

이 책을 통해 한 사람의 인생이 결정되는 10대, 그리고 그 10대와 함께 인생을 공유하는 우리 모두가 함께 고민하고 해결책을 모색해보는 공감의 장(場)이 되었으면 하는 바람이다.

2017년 6월 꿈맥지기 이주연

차 례

2장 공신들은 힘들여 공부하지 않는다

3장 습관으로 공부 근육을 키워라

공부,
진로계획부터
세워라

자신의 꿈과 진로계획을 종이에 쓰면

그 꿈이 현실로 이루어질 확률이 매우 높다.

종이에 구체적으로 쓰면 그 꿈에 대해 계속 고민하게 된다.

그 꿈에 대해 그만큼 더 의식하고

꿈을 달성할 구체적인 방법을 찾게 된다.

점점 더 진화된 꿈으로 나아갈 수 있다.

진로계획1:
자신의 진짜 꿈을 찾아라

고등학교 재학 기간 중 진로 선택을 위해 노력한 과정, 대학 입학 후 학업
계획과 향후 진로계획에 대해 기술해주시기 바랍니다(1,000자 이내).

대학교 수시 원서 접수 때 자기소개서도 함께 제출하는데, 그중
4번 문항에 대부분의 대학이 이처럼 자신의 진로계획을 밝히도록
하고 있다.

보통 지원 동기도 함께 묻는데, 이때 자신의 '꿈'과 연관하여 쓰
면 좋다. '꿈을 실현하기 위해서 이 대학 이 학과에 지원했다'고 피
력하는 것이다. 그렇다면 꿈은 내가 최종적으로 도달하고 싶은 큰
깃대, 목적 같은 것이다. 꿈이라는 깃발을 꽂아야 그것에 맞는 지원

동기가 분명해지고 진로계획과 세부 사항 등을 구체화할 수 있다.

지윤이의 꿈은 교육자가 되는 것이다. 지윤이는 내 둘째 딸이다. 고등학교에 진학할 당시엔 방송국 PD를 소망했지만, 외고에 다니는 동안 대학 입시를 치열하게 준비하면서 교육이 한 인간을 얼마나 변화시킬 수 있는지 진지하게 생각했다. 10대 시절의 대부분을 보내는 학교를 어떻게 하면 의미 있게 만들 수 있을지 고민했고, 그 결과 교육계 쪽으로 꿈을 바꿨다.

이처럼 꿈이 명확해지면, 이제 그 꿈에 맞추어 진로계획을 세울 차례다. 교육자에는 일선 교사와 교감, 교장 선생님이 있고, 교육청이나 중앙 부처에서 근무하는 행정직원들도 있다. 이것에 맞는 대학 진학으로 사범대나 사범대 외의 과를 진학하는 경우를 생각해볼 수 있다. 사범대 중에서 어떤 학과가 좋을지, 또 행정학과, 정외과, 경제학과 등을 고려할 때는 학교마다 어떤 특성이 있는지 조사해볼 수 있다. 문과에서는 사범대 진학 시 영어, 국어, 사회 과목 등의 학과를 선택할 수 있다. 지윤이는 영어 공부할 때 맥락을 활용한 영어 읽기의 중요성을 인식하고 그 결과 고려대학교 영어교육과에 진학했다. 앞으로 펼쳐질 새내기 지윤이의 행보를 응원하고 있다.

이렇게 자신의 꿈을 찾고 진로계획을 세우는 것은 당장 마음속에 동기를 부여하는 데 큰 도움이 된다.

하지만 꿈을 찾는다는 것, 그리고 그에 맞춰 진로계획을 세운다는 것은 많은 학생들에게 어려운 말일 수 있다. 우리나라 교육 여건상 중·고등학생이 꿈을 위해 직접 직업을 체험하거나 여러 사람의 멘토를 실제로 만나는 것은 불가능에 가깝기 때문이다. 그래서 책을 통해 여러 직업을 가진 주인공들을 만나고 그들이 겪은 실패와 성공을 간접 경험하는 것이 좋다. 그러니 당장 목표가 없고, 꿈이 없다고 좌절하지 말자. 언젠가는 찾게 된다. 단, 한 걸음 한 걸음 오늘에 충실하면서 내 자신을 돌아보는 것이 중요하다.

그렇다면 지금 당장 할 수 있는 일이 무엇인가? 하루를 그냥 흘려보내면 내가 하지 못한 공부가 쌓이고, 쌓인 공부는 나를 공부에서 더욱 멀어지게 한다. 아직 구체적인 진로계획을 세우기 어렵다면 일단 공부에 총력전을 펼쳐보자. 오늘 수학 시간에 배운 내용을 복습하고 국어 내용에 대하여 문제풀이를 하는 것은 어쩌면 꿈에 한 발자국씩 다가가는 방법일 수 있다. 그리고 그 과목에서 요구하는 기본적인 지식을 쌓아가면서 나하고 어떤 부분이 맞고 맞지 않는지 찾아본다. 유독 흥미로운 부분이 나타난다면 그것과 연관된 전공을 생각해보고, 아직 찾기 어려우면 또다시 전체 과목에 매진하면서 계속 살펴보자.

꿈은 '마음속 깊이 사라지지 않는 불꽃같은 어떤 느낌'이다. 지금 당장 그 느낌이 느껴지지 않는다고 조급해할 필요는 없다. 학생으로서 미래에 대해 제대로 생각해보지 않았기 때문에 당연한 일일 수 있다. 차근차근 다시 한 번 생각하고, 찾아보자. 그것을 기준으로 저 멀리 있지만 '어떤 강력한 그 느낌'을 찾아가는 손전등으로 활용해보자. 꿈은 사라지지 않는 느낌이기에, 이 느낌을 찾으며 따라가는 것 또한 행복이다.

이제라도 학교 수업을 참고 견뎌내야 할 대상이 아닌, 수업에서 배울 점이 무엇인지 생각해보고, 내용 하나하나를 순수한 호기심으로 좇아가고 그 느낌을 이어가 보자. 그렇게 하는 것이 진짜 꿈을 찾는 길이고 꿈을 위해 가는 길이다.

그리고 자신에게 맞는 진로계획을 세우자. 자신의 적성에 맞으면 앞날이 구체적으로 그려지고 점점 마음속에 불꽃같은 느낌이 지펴 올라올 수 있다. 그 느낌은 참으로 지속적이고 쉽사리 꺼지지 않기에 결국 자신이 원하던 꿈을 이루게 한다.

진로계획2:
오늘의 일상에 충실하라

學問之道無他(학문지도무타) 求基放心而已矣(구기방심이이의).

 '학문의 길이란 다름이 아니라 자신의 잃어버린 마음을 찾는 것이다' 라는 의미로『맹자』「고자편(告子篇)」에 나오는 말이다.
 꿈을 찾아서 학문을 한다는 것은 바로 자신의 마음을 바로잡아 즐겁게 공부하는 것과 같다.
 마음속 깊이 자리한 '어떤 강력한 느낌'을 따라가다 보면 조금씩 꿈의 실체가 드러난다. 마치 안개 낀 바다를 항해하다가 저 멀리 불빛 같은 것을 발견해 찾아가 보니 어느새 환한 등대에 이르게 되는 것과 같다.

즉, 처음부터 "왜 내게는 등대 같은 불빛이 보이지 않을까?" 조바심을 낼 필요가 없다. 그 대신 일상에 충실하며 기다려보는 것이 중요하다.

꿈도 살아 있는 생물처럼 성장하고 진화한다. 생명력이 있다는 것이다. 우리의 마음과 몸을 끊임없이 가꾸어야 제대로 자라나는 것처럼 꿈도 일상의 노력이 함께 수반되어야 잘 성장할 수 있다. 학생의 일상은 당연히 공부가 많은 부분을 차지한다. 공부에 물을 주고 가꾸어야 할 이유가 여기에 있는 것이다.

법륜 스님이 공부를 열심히 하려는 학생들에게 조언해주신 일화가 있다.

스님은 중학교 1학년 때 자취를 했는데, 연탄으로 난방을 했다. 스님은 연탄을 아끼려고 조금씩 땠는데, 그러니 겨울에 방이 너무 추웠고 이불을 깔아놓으면 아랫목만 간신히 따뜻했다. 그래서 책상에 앉아 공부를 하다 보면 손이 시려 자연스레 이불 밑에 발을 집어넣게 되고 어느 순간 엎드려 잠이 들었다. 매번 절대로 안 자고 조금만 몸을 녹이고 일어나겠다고 다짐하지만, 자신도 모르게 누우면 잠이 들었다.

법륜 스님은 당시에 과학자를 꿈꾸었다. 하지만 아무리 벽에 그 꿈을 써서 붙여놓아도 매일 이불 밑에 발 넣고 자버리면 성취될 수 없다는 것을 깨달았다. 그래서 그 목표 밑에다 이렇게 써놓았다.

"이 꿈을 달성하기 위해 지금 내가 해야 할 일은 '당장 이불 밑에 발을 넣지 않는 것이다.'"

그리고 스님은 이것부터 즉시 실천하였다고 한다.

세계의 석학들을 배출한 하버드대학의 교수들은 꿈에 대해 이렇게 말한다.

"꿈은 현실적이어야 한다."

그렇다. 꿈은 현실을 바탕으로 해야 한다. 삶이 아름다운 이유는 가슴으로 꿈을 품되, 다리로는 현실이라는 길을 걷고 있기 때문이다. 그러므로 꿈을 이루고 싶다면 머리는 냉정하게, 이상은 높게 유지하면서 현실에 맞춰 천천히 걸어가야 한다. 꿈의 전당은 현실이라는 벽돌이 하나하나 쌓여서 만들어진다. 학생으로서 매일 아침 학교에 가고, 시간표에 주어진 학과목들의 내용을 충실하게 습득할 때 그 현실의 벽돌이 알맞게 구워져 나오는 것이다.

중학교 2학년을 담임하던 때였다. 혜선이는 공부에 관심이 많으나 방법을 몰라서 힘들어하던 아이였다. 특히 중학교 2학년이 되면서부터 마음도 해이해지고 알 수 없는 불안감 때문에 괴롭다며, 공부하는 것이 재미가 없다고 하였다. 나는 혜선이에게 집에 가면 공부하지 말고 가방을 열어 그날 배운 교과서와 노트, 프린트물을 모두 꺼내 정리하는 것부터 시작해보라고 하였다.

혜선이는 그 방법이 효과가 있을까 하는 의아한 표정을 지었지만, 담임의 말대로 일단 시도해보겠다고 대답했다. 며칠 뒤 혜선이를 불러서 확인을 하였다. 이처럼 교육에서 교사가 일관적으로 확인하고 점검하는 것은 매우 중요하다. 일선의 여러 바쁜 업무로 간혹 놓칠 수도 있지만, 포스트잇이나 달력에 메모하여 꼭 지키는 것이 좋다. 그렇게 할 때 아이들은 자신에 대한 선생님의 관심을 느끼고 사제 간에 신뢰와 공감대가 형성된다.

확인한 결과 혜선이는 밝게 웃으며 대답했다.

"선생님, 그날 것들을 정리하니까 머리도 마음도 개운해지는 느낌이에요. 다음 날 가져갈 것도 전날에 미리 챙기게 되고요."

그래서 이번에는 그날 학교에서 갖고 온 것들을 모두 꺼내서 정리할 때 그날 배운 교과서와 노트 필기를 일단 펼쳐보도록 당부하였다. 그리고 며칠 후 다시 확인해보았다.

"선생님, 정리하면서 펼쳐보니까 그날 배운 내용이라 눈에 들어오는 것이 있고 조금이라도 보게 되더라고요."

"그래, 혜선아. 샘(선생님의 준말)과 약속한 것을 지켜주어 고마워. 이제는 그 내용 중에서 이해가 안 되는 부분엔 형광펜을 쳐볼래?"

그리고 일주일 후 다시 불러서 물어보고, 다음 미션을 부담스럽지 않게 내주었다.

"이해 안 되는 부분을 발견하니까 좀 알고 싶어지지 않니? 궁금한 것을 담당 과목 샘께 물어보면 어때? 꼭 샘 아니더라도 누군가

편안한 사람이 있다면 상관없어."

이렇게 자신이 어떤 부분을 모른다는 것을 인지하는 것은 너무나 중요하다. 모르는 부분을 학교 담당 선생님이나 주변에 편한 친구나 선배 등에게 질문하면 된다. 또는 인터넷 강의를 활용할 수도 있다. 자신이 등록한 사설 강의나 EBS 강의에서 해당되는 부분을 클릭하여 듣는 것이다.

이렇게 한 걸음씩 가다 보면 어느새 속력이 붙어서 달리기하는 느낌이 들 수 있다. 아니면 그 한 걸음이 모여 어느 순간 내 눈앞에 그렇게 어렵게 느껴졌던 목표가 다가와 있는 것을 알게 될 것이다. 그런 과정을 통해 마음속 깊이 '강력한 어떤 느낌'을 경험할 수 있다.

이런 기분으로 하루하루 공부한다면 공부가 왜 재미있지 않겠는가. 공부란 자신이 공부해야 할 이유를 알지 못하거나, 타인에 의해 강요될 때 그 재미를 느끼지 못한다.

오늘의 일상에 충실해보자. 그것은 바로 오늘 학교에서 배운 내용을 오늘 복습하는 것이다. 그렇게 일상에 물을 주고 가꾸어 자신의 꿈을 발견하고 키워가면, 공부가 더욱 나를 즐겁게 할 것이다. 공부 때문에 춤을 추게 되는 자기 자신을 상상해보자.

진로계획3:
가치관을 세워라

나의 새해 시작 달력의 첫 페이지는 3월 2일이다. 20년 교직생활 동안 새로운 학생들과 만나는 3월 2일이 1년을 시작하는 첫날이라고 각인되었기 때문이다.

3월 2일 교실 문을 열고 들어서서 나와 아이들의 마음이 처음 만나는 날, 내가 학생들에게 특별히 강조하는 것이 있다. 바로 '스무 살 전에 가치관을 세워라'이다. 그리고 1년 동안 아이들과 함께하면서 가치관을 세울 것을 끊임없이 되새겨준다.

학생들과 상담을 하면 단연 성적과 진로에 대한 내용이 많다.

"너는 왜 공부를 하니?"

"좋은 대학에 가려고요."

"좋은 대학을 졸업한 다음에는 무엇을 하고 싶니?"

"의사나 판사가 될 거예요. 아니면 대기업에 취업하죠 뭐."

"그 목표는 네가 세운 거니?"

"남들도 다 그렇게 하잖아요."

학생들과 진로에 대한 이야기를 할 때면 보통 이런 식으로 대화가 흐른다. 남들이 다 그렇게 하니까 자기도 그런다는 식이다.

많은 학생들이 자기 생각이 없이 남들의 생각에 나를 맞추고 그것을 위해 공부하고 직업을 결정하는 경우가 있다. 자신과 상관없는 기준을 두고 그 기준에 맞추며 살아가는 것이다. 또한 자신의 부모님이나 윗세대가 가진 가치관이나 인생관을 그대로 받아들이는 경우가 많다. 물론 그것이 나의 가치관을 형성할 때 영향을 미치겠지만 꼭 나에게 맞는 가치관인지를 반드시 점검해봐야 한다.

가치관(價値觀, sense of value)은 인간이 자기를 포함한 세계나 그 속의 어떤 대상에 대하여 가지는 평가의 근본적 태도나 관점이다. 쉽게 말해 옳은 것, 바람직한 것, 해야 할 것 또는 하지 말아야 할 것 등에 관한 일반적인 생각을 말한다.

가치관을 결정하는 것은 어느 시험 문제에 나오거나, 누가 정리해준 요약본을 외워서 되는 것이 아니다. 자신이 좋아하는 아이돌 스타가 말해주는 것은 더욱 아니다. 자신의 인생관은 부모나 교사가 해줄 수 없는 학생 스스로 노력하고 고민하고 사색해봐야 하는 일이다.

어린 나일수록 이러한 과정을 통해 자신이 좋아하고, 자신 있게 할 수 있는 일이 무엇인지, 인생을 살아갈 때 무엇을 가장 중요하게 여겨야 하는지를 파악하는 것이 좋다. 어설픈 자아도취나 자기만의 주장이 아닌 냉정하게 자신이 어떤 사람인지, 가치 있게 생각하고 진정으로 바라는 것이 무엇인지 성찰해보는 것이다.

이렇게 가치관이 어느 정도 확립되고 그것을 바탕으로 진로를 결정하는 것이 중요하다. 진로를 결정하는 기초가 고등학교 때 나뉘는 인문계열, 자연계열의 선택이다. 이 또한 고등학교 진학 전에 갑자기 결정하면 어렵기 때문에 중학교 때부터 자신의 적성이 무엇인지 차근히 돌아보는 것이 필요하다. 문과와 이과계열의 과목을 완벽하게 잘하는 학생도 간혹 있겠지만, 대부분은 수학을 잘하면 국어 과목이 부족하고, 영어와 국어에 자신이 있으면 수학이 자신 없는 경우가 훨씬 많다. 자신이 어떤 적성인지 알기 위해서는 학교 공부를 할 때, 어문계열이나 사회 과목 등에 친밀감을 느끼는지, 아니면 수학이나 과학 과목에 더 흥미와 자신감이 생기는지를 점검해보는 것도 하나의 방법이다.

이렇게 스무 살 이전에 가치관을 세우고 그에 맞는 직업으로 나갈 수 있는 대학의 전공을 선택한다면 대학 시절의 공부는 또 얼마나 재미있겠는가? 그렇게 보람된 공부를 하고 대학을 졸업하면 좀 더 분명하게 즐거우면서도 자신의 능력을 발휘할 수 있는 직장을 선택할 수 있을 것이다. 예를 들어 서른 살 즈음에 자신의 가치관을 세웠다고 하자. 그 사람은 이미 자신과 맞지 않는 적성으로 전공을 선택하고 직장까지 정해져 있는 상태일 확률이 높다. 스무 살에 자신의 가치관과 적성을 확립한 사람과 어떤 차이가 있는지는 우리 모두 조금만 생각해보면 확연히 알 수 있다.

10대에 자신만의 올바른 가치관을 정립하는 것이 중요하다. 그 가치관은 부모나 타인과는 별개인 자기 자신의 인생에 관한 것이며, 그 가치관을 바탕으로 자신이 이 세상에서 해야 할 일을 찾아야 하기 때문이다.

그러기 위해서는 자기 자신에게 '이럴 때는 왜 그럴까? 이런 경우에 나는 왜 이런 생각을 하는 걸까? 나는 진정으로 어떤 것을 좋아하고 싫어하나? 이런 행동을 하는 것이 다른 사람의 시선을 의식하는 걸까?'라고 끊임없이 문제의식을 가지고 자신을 돌아봐야 한다.

지금 이 순간 사회나 주변에 형성되어 있는 가치관을 무비판적으로 자신의 것인 양 받아들이고 있지 않은지 스스로에게 물어보자. 자신의 가치관을 잘 정립하는 것이야말로 아무리 강조해도 지나치지 않는 10대에 해야 할 매우 중요한 사명(使命)이다.

진로계획4:
진로 독서로 시작하라

방송국 PD가 되고 싶은 학생이 있다고 하자. 자신이 PD에 적성이 맞는지 알아보기 위해서는 직접 PD가 되어보는 것이 어쩌면 가장 정확한 방법일 수 있다. 하지만 그건 학생으로서 당연히 할 수 없는 일이다. 그러면 두 번째는 실제 방송국에 가서 한 달 정도 일하면서 체험을 하거나 견학하는 방법이 있다. 하지만 이런 방법은 우리나라의 바쁜 중·고등학생들에게는 시간이 쉽게 허락되지 않는다. 그래서 책을 통한 간접 체험이 중요하다.

시카고대학교는 미국의 석유재벌 존 록펠러가 세운 학교다. 이 대학은 1890년에 설립된 이래 1929년까지 소문난 삼류였다. 소위 집에서 내놓은 학생들이 주로 입학한 학교였다. 그런데 1929년, 로

버트 허친스가 총장으로 부임하고부터 달라지기 시작했다. 그는 존 스튜어트 밀식 독서법에 정통한 사람이었다. 허친스는 시카고 대학을 세계 명문 대학으로 키우겠다는 야심으로 '시카고 플랜'을 도입했다. 시카고 플랜이란, 인류의 위대한 지적 유산인 고전 100권을 달달 외울 정도로 읽지 않는 학생은 졸업시키지 않는다는 것이다. 시카고 플랜이 시행되자, 그동안 책과 담쌓았던 학생들도 어쩔 수 없이 고전을 읽기 시작했다.

처음에는 어떤 변화도 일어나지 않았다. 그러나 시간이 지나면서 학생들이 읽은 고전의 수가 30권, 50권을 넘어서자 점차 변화가 일어났다. 위대한 고전 저자들의 사유가 학생들에게도 서서히 옮겨갔던 것이다. 그리고 마침내 기적 같은 일이 일어났다. 노벨상 수상자들이 폭주하기 시작했다. 1929년부터 2013년까지 이 대학에서 무려 89명의 노벨상 수상자를 배출했다. 가히 독서의 위력을 실감할 수 있는 대목이다.

통계청과 여성가족부가 발표한 '2013 청소년 통계'에 따르면 청소년들이 가장 고민하는 문제가 '공부(32.9%)'와 '직업(25.7%)'이라고 한다. 특히 '어떤 직업을 선택해야 하는지 고민'이라고 답한 학생은 10년 전에 비해 세 배나 늘었다.

청소년들의 고민이 커지는 만큼, 이들의 진로 탐색을 도우려는 움직임도 활발하다. 이제 학교에서 진로 탐색의 시간을 커리큘럼에 넣어 운영하고 있다. 서울시교육청은 중1 진로 탐색 집중학년 제를 운영 중이며, 정부에서는 학생들이 학업 부담에서 벗어나 자신의 꿈을 찾아갈 수 있도록 돕는 자유학기제를 운영 중이다.

이와 같이 그 어느 때보다 진로에 대한 관심이 높은 요즘, 진로를 탐색하는 방법으로 독서가 좋은 대안이 되고 있다. 정신없이 바쁜 청소년들에게 독서는 다양한 진로 분야를 간접 경험해볼 수 있는 가장 쉽고 효율적인 방식이다. 이런 흐름에 따라 학생들이 진로를 탐색할 수 있도록 돕는 '진로 독서'가 주목받고 있다. 일선 학교에서는 진로 독서 동아리가 생기고 있으며, '진로와 직업' 시간뿐만 아니라 교과 수업 시간에 진로 독서를 활용하는 교사들도 늘고 있다.

학교에서 학급 특색 사업으로 일정 금액을 지급하고 한 학기에 한 번 정도 교과목 활동 외의 특별활동을 독려한 적이 있다. 학생들과 담임 선생님이 의논하여 학급별로 각기 다른 활동을 하는 것이다. 두 반씩 짝지어 토요일 오전에 발야구나 피구 대회를 하고 점심으로 삼겹살 파티를 하는 반도 있고, 할당된 학급비용으로 음식 재료를 구입해 함께 음식을 해 먹기도 한다.

내가 담임하던 반은 '책 탐색 소풍'을 나갔다. 인근 대형 서점으로 시간을 정해 모이게 한 다음 일정 양식의 프린트물을 나누어준다. 그 프린트물은 내 나름대로 '책 탐색 소풍'을 하면서 과정과 결과물을 기록하도록 만든 양식이다. 문학, 비문학으로 나누고 각각 다섯 권 이상의 책을 골라 머리말과 목차 정도를 읽어보고 책 제목과 한 줄 느낌을 쓰도록 한다.

또한 다른 항목을 만들어 그곳에는 자신의 직업에 참고가 될 책들을 택해 머리말과 목차를 읽고 제목과 한 줄 느낌을 쓴다. 이른바 진로 독서이다. 이렇게 아이들에게 설명을 해주고 세 시간 정도 서점에서 '책 탐색 소풍'을 하도록 한다. 게다가 특별활동 학급비에서 일인당 만 원을 주면서 조금씩 보태서 책 한 권씩 구입하도록 한다. 그런 뒤에 교사와 아이들이 책 탐색을 마치고 다시 만나 프린트물을 걷어 결과물을 체크하고 구입한 책을 보면서 격려해준다. 이렇게 하면 좋든 싫든 서점에서 책에 대해 친숙해질 수 있는 시간을 갖게 된다.

이때 직업에 관한 책들을 찾아보도록 하는 것은 꽤나 의미 있는 일이다. 성공한 인물의 자서전이나 위인전을 읽어보는 것도 직업 자료로 매우 훌륭하다. 물론 다른 특별활동을 바라며 간혹 따가운 눈길을 보내는 아이들도 있고, 담임의 의도와 마음을 알고 잘 따라주는 아이들도 있었지만, 책 읽는 시간이 절대 부족한 아이들에게 이런 '책 탐색 소풍'의 시간을 꼭 갖게 해주고 싶었다.

책을 읽다 보면 어느 시기에 특정한 책이 진로를 결정하거나 가치관이 형성될 정도의 임팩트를 줄 때가 있다. 책의 내용, 주제, 작가의 철학과 정신이 한데 어우러져 책 읽는 자신을 뒤흔들 때가 있다. 그리고 그 강력한 느낌은 시간이 흐르고 자신이 처한 상황에 따라 또 달라질 수 있다.

　이처럼 자신의 생각과 느낌은 늘 변화할 수 있다. 그 변화되고 있는 시기에 외부로부터 어떤 자극이 들어오느냐에 따라 그 책이 내 인생의 큰 전환점이 되거나, 아니면 그냥 스쳐가는 평범한 책이 될 수 있다. 독서는 그런 면에서 자신의 진로 결정에 중대한 역할을 한다. 평소 자주 많은 책을 접하는 것이 자신의 변화하는 모습과 함께 어우러져 하나씩 진정한 나의 것이 되고, 자신의 진로도 분명해질 것이다.

진로계획5:
꿈을 종이에 쓰면 이루어진다

　동혁이의 꿈은 자주 바뀐다. 의료봉사를 다녀온 이모를 보고 의사가 되고 싶다가, 학교에서 내준 직업체험 과제로 변호사 사무실에 방문했을 때는 법조인이 되고 싶다. 하지만 문과와 이과계열 중 어느 것이 적성에 맞는지 잘 모르겠다. 그래서 직업을 두고 고민에 빠지게 된다. 결론적으로, 이런저런 생각만 하는 것은 자신의 진로를 선택하는 데 도움이 되질 않는다. 이럴 때는 일단 원하는 직업을 죽 적어보고 하나씩 점검해나가는 작업이 필요하다.

　신정철 씨는 『메모 습관의 힘』이라는 책에서 메모를 하는 효과에 대하여 이야기하고 있다. 자신이 글을 쓸 때나 프레젠테이션을 준비할 때, 세미나 내용을 정리하거나 오디오 강의 및 팟캐스트를 들을 때 메모를 한다. 책을 읽을 때도 마찬가지이다. 책을 읽으면서 밑줄 친 부분을 노트에 옮겨 적고 거기에 자신의 생각을 쓰기 시작하면서 책과의 만남이 달라졌다고 한다. 한 번 만나 바로 잊히던 사람과 같았던 책이 편지를 주고받으며 소통하는 사람으로 바뀌었다고 한다. 비단 책 내용만이 아니라 이렇듯 종이에 무언가를 쓰면 자신의 생각이 정리되고 집중력도 향상된다.

자신의 꿈과 진로계획을 종이에 쓰면 그 꿈이 현실로 이루어질 확률이 매우 높다. 종이에 구체적으로 쓰면 그 꿈에 대해 계속 고민하게 된다. 그 꿈에 대해 그만큼 더 의식하고 꿈을 달성할 구체적인 방법을 찾게 된다. 점점 더 진화된 꿈으로 나아갈 수 있다.

예를 들어, 과학자가 되고 싶다는 단순한 소망을 종이에 써보면, 어떻게 하면 과학자가 될 수 있을까로 계속 진화하는 것이다. 즉, 과학자가 되기 위한 방법론에 들어간다. 과학자가 되는 데 필요한 학과와, 그 학과를 들어가기 위해 좀 더 집중해야 할 과목을 계획하게 된다. 요구되는 학과 성적도 파악하고, 지금의 학교 성적을 냉정히 평가해 부족할 경우 어느 정도 성적을 올려야 하는지도 알아본다. 그러기 위해 고쳐야 할 하루의 습관을 점검하고 구체적인 학습 방법을 생각해본다. 물론 이런 과정을 모두 메모해두면 좋다. 생각이 중간에 끊겨도 다음에 다시 그 전의 과정을 복기(復棋)하고 구체적인 숫자나 자료를 남겨둘 수 있어 필요하다.

반면에, 꿈을 그냥 생각만 하고 있을 때는 그 꿈에 대해 구체적으로 나아가지 못하거나, 현실의 부정적인 여건들로 집중력을 잃어버리게 된다. 꿈이란 시간적으로 먼 미래에 있는 그 무엇이기 때문에 지금 당장 이루기 어렵다는 생각에 빠져 몸에 익숙하고 편한, 어쩌면 꿈과는 상관없는 지금의 나쁜 습관대로 시간을 보내기 쉽다. 그렇게 반복하다 보면 결국 자신의 꿈과는 점점 멀어지는 삶을 살아가게 된다.

루즈 슈워츠(Ruth Schwarze)는 감각의 인식비율을 미각 3%, 후각 3%, 촉각 3%, 청각 13%, 시각 78%로 나누었다. 이것은 정보를 받아들일 때 듣는 것보다 눈으로 보는 것이 훨씬 효과적이라는 의미다. 따라서 시각은 학습에서 중요한 요소라고 할 수 있다.

코믹한 연기로 세계적으로 유명한 짐 캐리는 무명 시절 너무나 가난하여 노숙생활까지 했다. 그러던 어느 날 할리우드에서 가장 높은 언덕으로 올라가서 수표책을 꺼내어 '출연료'라고 적고 스스로에게 천만 달러를 지급했다. 이것을 5년 동안 지갑에 넣고 다니며 자신의 꿈과 목표를 되새겼다. 정확히 5년 후 짐 캐리는 〈덤 앤 더머〉와 〈배트맨〉의 출연료로 1,700만 달러를 받게 된다. 꿈을 쓰고 눈으로 확인하면서 열심히 노력한 결과이다.

우리도 지금 당장 시도해보자. 자신의 꿈을 종이에 눈에 보이도록 적고 그 밑에 지금 당장 실천할 내용을 적는다. 이것을 자신의 방문과 책상 앞 등 마음과 눈길이 자주 닿는 곳에 붙여놓는다. 그리고 자신이 많이 쓰는 수첩에 그에 따른 진로계획을 정리해본다. 그 꿈을 이루기 위해 가야 될 학과와, 그 학과를 가려면 지금의 학교생활을 어떻게 해야 하는지 한 단계씩 좁혀가면서 적어본다. 이때 가능하면 자세히 적을수록 좋다. 그렇게 적은 내용을 수시로 보면서 달성한 부분을 자신이 좋아하는 펜으로 지워나간다. 이때 A4 용지에 적어서 벽에 붙여놓을 수도 있다. 종이에 내용을 적을 때 마인드맵을 이용하여 적을 수 있다.

학생들이 진로계획을 쓰는 것은 자기 자신에게 모든 일이 잘될 거라고 보내는 신호이다. 사업을 막 시작하는 어른들이 '사업개시' 간판을 내거는 것과 같다. 목표를 종이에 기록하는 것은 두뇌의 일부분인 망상 활성화 시스템을 자극하는데 이는 두뇌의 여과 시스템이라고 할 수 있다. 목표를 기록하는 행위는 그 시스템에 성능 좋은 필터를 설치하는 일이다. 일단 목표를 적기 시작하면 두뇌는 그 목표와 관련된 것들에 대해 민감하게 반응하기 시작한다. 마치 소음 속에서 자신의 이름을 본능적으로 듣는 것처럼 말이다. 기록은 두뇌의 망상 활성화 시스템을 작동시켜 대뇌피질로 신호를 보내고 이에 두뇌는 잠자는 시간, 꿈꾸는 시간에도 목표를 향해서 항상 움직이게 된다.

진로계획을 쓰면 나도 모르게 그 목표를 향해 노력하게 된다. 오늘 배운 내용을 복습할 때도 막연하게 하는 것과 큰 진로계획 아래 작은 단계를 밟아가면서 공부하는 것은 너무나 큰 차이가 난다.

진로계획을 종이에 쓰자. 그리고 수시로 뇌의 망상 활성화 시스템을 작동시키자. 큰 목표 아래 점차 좁혀가면서 작은 목표를 세우고, 그 목표들을 실천할 수 있는 공부 습관들로 채워나가자. 그러다 보면 머지않아 자신이 써놓은 진로계획대로 대학을 진학하여 즐겁게 교정을 걸어 다니고 있을 것이다.

진로계획6:
진로 마인드맵을 그려라

마인드맵(mind map)은 마치 지도를 그리듯이, 자신이 여태까지 배웠던 내용이나 계획하고 생각하는 것들을 적는 과정을 통해 더 명료해지도록 하는 자기 관리 방법이다. 마인드맵은 영국의 전직 언론인 토니 부잔이 주장하여 유럽에서 선풍을 일으켰는데 성공의 비결로 '기록하는 습관'을 강조하였다. 기록하면 시야가 넓어지고, 적는 습관은 인간 두뇌의 종합적 사고를 키워준다. 읽고 생각하고 분석하고 기억하는 그 모든 것들을 마음속에 지도를 그리듯 해야 한다는 방법이다.

장기기억 저장소는 뇌의 우반구에서 정보를 그림으로 바꿀 때 작동한다. 그래서 시각화하기 위한 노력이 중요하다. 학습 자료를 그림으로 바꾸면서 꾸준히 반복 연습할 때, 학습 능력은 눈에 띄게 향상된다. 이러한 과정은 그 자료에 의미를 부여하고 이미 습득한 다른 자료들과 연결될 수 있도록 해준다.

책을 읽을 때 등장하는 그래프나 그림 등은 모두 시각화 기법에 속한다. 지도 같은 것도 마찬가지다. 많은 양의 정보로 자신의 생각이 정리되지 않을 때, 그것을 한눈에 볼 수 있는 시각적 형태로 변형시키는 과정을 통해 훨씬 자신의 생각이 정리되고 새로운 아이디어로 확장될 수 있다. 이러한 이유로 마인드맵을 이용하여 자신의 진로를 정리해보는 것을 추천한다.

마인드맵은 정보를 시각적으로 조직하게 해주어 이해를 돕는 일종의 학습기법으로 매우 유용하다. 단어를 말하고(청각적 기능) 형태와 색채를 바라보는(시각적 기능) 동시에, 펜을 움직임으로써(운동감각적 기능) 만드는 마인드맵은 세 가지 스타일을 모두 소화해내기 위한 좋은 수단이 된다.

그간 담임 반을 맡으면 학생들에게 틈틈이 진로 지도를 하였다. 아이들 고민이 대부분 성적과 진로에 대한 것이므로, 그 답을 스스로 찾아나가는 작업을 함께해보고 싶었다. 중간고사나 기말고사 등의 시험 기간을 피해 비교적 여유 시간을 이용했다. 학생들에게 '나의 꿈, 나의 희망' 이란 주제로 리포트를 내주고 그것을 토대로 상담도 하고 필요한 내용은 발표를 시켰다.

이런 과정을 통해 느낀 것은 아이들은 자신에 대한 이해가 부족하고, 직업의 목표도 제대로 정립되지 않았으며, 희망 직업에 대한 정보가 부족한 경우가 많았다. 대다수가 특별히 원하는 직업이 없었고, 원하는 직업이 있어도 공무원이나 교사를 선호하였다. 그 이유를 물어보니 안정적이고, 부모님이 희망하시기 때문이거나 또는 부모님의 삶이 힘들어 보여서라고 하였다.

직업에 대한 뚜렷한 목표가 없는 아이들은 공부에 대한 의욕을 가지기 힘들다. 그리고 직업에 대한 구체적인 정보가 없는 경우 원하는 직업을 실현하기 위해 어떤 노력을 해야 하는지 모른다. 중·고등학교 시절은 현실적으로 진로를 준비해야 된다. 그런데도 대다수 학생들이 정체성이 정립되지 못하고 직업에 대해서도 환상을 가지고 있어서 다들 어려움을 호소한다.

이럴 때 필요한 것이 진로 마인드맵이다. 아이들과 함께 간단한 문구류를 준비해서 마인드맵을 이용한 진로 탐색 활동을 해보면 유용하다. 아이들이 실제적으로 직업을 갖는 시기는 5년 또는 10년 후이다. 그렇기 때문에 아이들은 10년 후에나 맞닥뜨릴 직업을 위해 지금 준비를 한다거나 능력을 갖추어야 된다는 사실을 중요하게 받아들이지 못한다. 더욱이 자신의 진로가 어떻게 변화되어서 직업이 성취되는지 접근이 힘들다. 그래서 아이들에게 잠정적으로 선정한 진로와 자신과의 관계 분석을 위해 진로 과정을 설계하는 진로 마인드맵을 그려보도록 하였다.

아이들과 자율적인 시간을 활용하여 한 차시 정도나 여유가 되면 두 차시 정도로 해서 컴퓨터실에서 진행한다. 각자 컴퓨터 앞에 앉아서 자신에게 맞는 자료를 인터넷을 이용하여 찾도록 하고 마인드맵을 그리는 기본 원칙을 설명해준다. 방향을 못 잡고 있는 학생은 따로 지도하고 샘플을 앞에 띄워놓고 참고하도록 한다. 이렇게 하면 어느 정도 윤곽을 잡는 학생들이 있다. 마무리 10분 정도는 윤곽이 잡힌 친구들 중 자원자를 택해 앞에서 발표하고 격려해주는 시간을 갖는다. 그리고 일주일 정도의 시간 후에 최종 완성해 오도록 한다. 그 완성본으로 다시 발표 시간을 갖고 교실 뒤에 게시해놓는다.

수진이는 인테리어디자이너를 희망하였는데, "나도 잘할 수 있을 것 같다. 내 손으로 꾸미는 것을 좋아하니까 적성에도 맞는 듯 싶다"라며 마인드맵을 시작하였다. 또한 수학 과목에 유독 흥미가 많았던 경희는 한의사를 희망하며 "한방 재료로 사람들을 치료한다. 더 과학적이다. 한자를 좋아하고 흥미가 있다. 그리고 미래의 전망도 밝은 것 같아서 선택했다"라고 말하기도 했다.

이렇게 진행하다 보면 자신의 장단점을 이해하지 못하고 그림처럼 예쁘게 그리는 데에 치중하는 친구들이 있다. 또한 수학 선생님은 수학만 잘하면 되고, 영어 선생님은 영어만 잘하면 선생님의 역할을 다하는 것으로 생각하는 학생들도 있다. 미용사가 되겠다는 한 학생은 미용사가 되기 위해서 무엇을 할지에 대한 하위 영역에 파마, 커트 등 미용 기술만 나열하기도 했다. 아이들의 이런 상황을 파악한 후 희망 직업에 맞는 학과 성적이나 대학 선택 등 구체적으로 해야 할 일에 대해 방법을 찾도록 하였고 컴퓨터를 이용한 자료 탐색이 중요한 도구가 되어주었다.

그 후 학기나 학년이 끝날 때 진로 마인드맵을 다시 가져오게 해서 자신이 약속한 대로 실천했는지 확인하는 시간을 가졌다. 아쉽게도 이행하지 않은 학생들도 있고, 나름대로 노력했는데 자신의 진로에 맞는 학과목 성적 향상이 이루어지지 않은 학생도 있다. 물론 그중에는 열심히 노력한 만큼의 결과를 만들어낸 학생들도 있었다. 이렇게 정리하는 시간을 통해서 아이들 개개인의 성과에 맞게 조언과 충고, 칭찬 등을 해주며, 수정을 하거나 앞으로의 노력을 당부하였다.

아이들 또한 진로 마인드맵을 통해 자신이 하고 싶은 일과 성적이나 성격 등을 돌아보는 기회가 되었다고 말한다. 물론 이런 한 번의 기회로 완전한 꿈을 가지기 어려운 아이들도 있다. 하지만 그렇게 시작을 했다는 데에 큰 의의가 있다. 이런 시작을 통해서 자신의 마음에 의문점 하나가 심어졌을 것이고, 그런 문제의식이 앞으로 자신의 꿈과 그에 맞는 진로를 설계하는 출발점이 될 것이기 때문이다.

우리 아이들은 "꿈을 가지라"는 말을 수없이 듣는다. 꿈을 가지는 것이 좋음은 너무나 잘 알지만, 대부분의 아이들은 그 구체적인 방법을 모른다. 아이들에게 자신의 꿈과 적성에 맞는 것이 무엇인지 함께 찾아가 주는 것이 좀 더 인생을 산 어른의 몫이 아닐까.

　청소년 시기에 자신의 꿈을 갖고 그것에 맞게 실천할 수 있다면 한 번뿐인 인생을 좀 더 즐겁게 알차게 보낼 수 있으리라 생각한다.

진로계획7:
내 안에 숨겨진 진로 DNA를 찾아라

우리는 대부분 초등학교 6년, 중학교 3년, 고등학교 3년 그리고 대학교 4년의 정규 교육과정을 거친다. 물론 개인마다 조금씩 차이는 있겠지만 무려 16년의 시간을 배움에 투자하고 나서야 비로소 새로운 선택의 갈림길에 다다르게 된다. 그것은 바로 취업을 통한 사회인으로서의 첫출발이며, 이제부터는 자신이 배운 능력과 타고난 적성으로 직장인으로서 거듭나야 하는 시기인 것이다.

노동부 자료에 의하면 직업의 종류는 크게 9가지로 나뉘고, 세세히 분류된 현대사회의 직업 수만 해도 3만 가지라고 한다. 가히 직업의 선택이 쉬운 일이 아닌 것이다. 그럼에도 개개인으로서 사회에 첫발을 내딛는 취업의 순간은 여러 가지로 중요한 의미를 지닌다.

그렇다면 이러한 직업을 우리는 어떠한 기준으로 선택하게 될까? 내게 맞는 직업은 어떤 종류의 것일까? 만약 직업을 선택하기에 앞서 나의 적성이나 능력을 정확히 파악하여 그에 합당한 진로를 찾게 된다면 참으로 행복한 일이다. 반대로 적성이 맞지 않아서 뒤늦게 다른 직업을 찾아서 되돌아간다면 그에 따른 재투자 시간과 비용이 상당할 것이다. 이것을 생각한다면 청소년기에 자신의 적성과 진로 문제에 대해 고민해보는 것은 너무나 중요하다.

내 딸 지윤이와 아들 재윤이는 음악을 참 좋아한다. 서로 눈을 가리고 피아노 음계를 알아맞히는 놀이를 한 적이 있다. 피아노의 어떤 음계를 쳐도 정확하게 맞히는 아이들을 보며 타고난 무언가가 있다는 생각을 해보았다. 나는 음악적 능력이 제로에 가까운데 우리 집 아이들은 그 재능이 유전인자에 있는 것이다. 이처럼 똑같은 교육을 시켜도 누구든 어떤 분야에서 더 좋아하고 잘하는 자기만의 DNA가 있다. 그 무언가를 잘 찾아보는 것도 진로를 결정하는데 매우 유익할 것이다.

그렇다면 어떻게 찾을 것인가? 자신에게 내재된 그 무언가를 알아보는 방법 중에서 MBTI(Myers-Briggs Type Indicator) 검사가 도움이 될 수 있다.

다음과 같은 표현으로 설명된 사람이 있다고 하자.

"얌전한 실속파, 가시고기, 멍든 천사들, 아낌없이 주는 나무."

이 표현들을 보면 주로 어떤 사람들이 떠오르는가? 일단 자신의 에너지를 내향적으로 쓰는 사람일 것이다. 우리가 흔히 이야기하는 내성적이고 얌전한 성향의 사람이다. 그리고 어떤 형태로든 타인을 위하여 구체적인 행위를 할 것으로 보인다. 무엇인가 나누어 주고 베푸는 사람의 이미지가 떠오른다.

지금까지 이야기한 성향의 사람은 MBTI 성격 유형에서 'ISFJ'에 해당하는 사람이다. 여기에서 처음 I(Introversion: 내향)는 자신의 에너지의 방향이 내부인 사람으로, 자신의 내부 세계의 개념이나 아이디어에 주로 에너지를 사용하는 유형이다. 그렇다면 반대는 E(Extraversion: 외향)라고 하고 자신의 에너지를 주로 외부 세계의 사람이나 사물에 사용하는 성향을 말한다.

둘째 S(Sensing: 감각)는 외부 세계의 사실이나 사건을 감각으로 받아들이는 성향이다. 다시 말해서 오감각을 통해 인식한다. 반대는 N(iNtuition: 직관)으로 외부에서 일어나는 사실이나 사건 이면의 관계, 가능성을 더 잘 인식하는 유형이다.

셋째 F(Feeling: 감정)는 어떤 일을 판단할 때 감정으로, 즉 정서를 통한 사람들과의 관계나 상황을 고려하여 한다는 것이다. 그 반대는 T(Thinking: 사고)로 어떤 일을 판단할 때 사고를 통한 논리적 근거를 바탕으로 하는 유형을 말한다.

넷째 J(Judging: 판단)는 생활양식(Life Style)에 있어서 외부 세계에 대하여 빨리 판단 내리고 결정하려 한다. 반대는 P(Perceiving: 인식)

로 외부 세계에 판단을 하기보다는 그 정보 자체에 관심이 많고 새로운 변화에 적응하려는 면이 강하다.

이와 같이 MBTI는 네 가지 선호 지표를 조합하여 총 16가지의 성격 유형을 설명한다. 네 가지 선호 지표는 그 첫 번째가 자신의 에너지 방향이 외부 세계로 나 있는지, 아니면 자신의 내부로 사용하는지로 나누고, 둘째는 세상의 정보를 인식하는 기준으로 오감을 통해서냐, 아니면 직관을 이용하느냐로 나눈다. 셋째는 어떤 일을 판단할 때 주로 논리적으로 판단하는지, 아니면 주변 사람들과의 상황이나 관계를 중시해 판단하는지로 나눈다. 네 번째는 생활양식에 있어서 판단을 내리고 결정을 하는지, 판단을 하기보다는 상황 그대로 인식하고 정보 자체에 관심을 보이는지에 따라서 그 특성이 분류된다.

이것을 적용하여 앞서 언급한 'ISFJ'를 분석해보면, 성실하고 온화하여 협조를 잘하는 사람이다. 어떤 일을 실제적이고 현실감 있게 받아들이고 수행하며 주변 사람들과의 관계를 중시한다. 한마디로 '임금 뒤편의 권력형'이라고도 표현할 수 있다. 이런 유형은 정보를 꼼꼼하게 잘 다루고 위기 상황에서도 차분하고 안정적이다. 그리고 친절하고 동정적이며 재치가 있을 확률이 높다. 또한 상대방을 진심으로 염려해준다. 이러한 특징은 지지와 수용이 필요한 사람들에게 큰 도움이 된다.

이런 성향의 사람들이 직업을 선택하면 어떤 진로가 적성에 맞을까? 세심하면서 인간에 대한 관심을 연결할 수 있는 직업으로 교사직(주로 나이가 어린 학생들 대상), 사무직이 괜찮고, 정확하면서 조직에 대한 관심이 크기 때문에 행정직, 감독직 등도 추천해주면 좋다.

자신이 무엇을 좋아하는지 싫어하는지, 정체성이 무엇인지에 대해서 알아나가다 보면 진로에 대해서 보인다. 그러나 쉽지만은 않은 일이다. 어려서부터 자기 자신에 대한 성찰과 부모님이나 주변 어른들의 도움, 독서 등 여러 가지 경험이 뒷받침되어야 한다. 그만큼 긴 시간이 필요하다. 이때 도구가 있으면 도움을 받고 시간도 절약할 수 있다. 청소년기에 MBTI 프로그램은 그 도구로서 역할에 충실할 것으로 보인다.

진로계획8:
미래의 직업을 디자인하라

진로 선택에서 어느 정도 자신에게 숨겨진 적성 DNA를 참고하였다면 이제 학과를 구체적으로 알아볼 필요가 있다. 이때 관련 대학교를 방문해보는 것도 좋다.

청소년들에게 대학교 탐방은 미래의 직업을 디자인하는 데 아주 긍정적인 효과를 준다. 직접 방문이 어렵다면 인터넷을 이용해도 괜찮다. 각 대학교의 홈페이지에 들어가 대학의 규모와 학생 수, 학교가 지향하는 교육목표를 참고하거나 유명한 교수님이 누구인지도 검색해볼 수 있다. 특히 대학별, 학과별 홈페이지에는 각 교육과정과 공부 내용에 대한 정보가 나와 있으므로 참고하면 좋다.

나 역시 아들 재윤이가 고3 때 함께 대학 탐방을 자주 다녔다. 당시 아이는 모의고사와 학교 시험이 한 달 간격으로 계속되어 마음 졸이며 시험을 보는 과정의 연속이었다. 사귀던 이성친구와의 만남도 잠시 미루고 공부에 집중하던 재윤이는 고3 스트레스가 이만 저만이 아니었다.

그런 아이에게 잠시나마 마음의 여유를 가지도록 해주고 싶어서 시험이 끝날 때면, 자유롭게 이곳저곳을 데리고 다녔다. 그때 아들과 주로 다녔던 곳이 대학교 탐방이었다. 연세대학교, 고려대학교, 한양대학교, 성균관대학교 등 여러 학교를 방문하여 사진도 찍고 산책도 하였다. 캠퍼스 여기저기를 꼼꼼히 다녀보고 원하는 학과가 있는 건물 앞에서 사진도 찍었다. 또 대학 근처에 있는 맛집도 탐방하면서 아이와 데이트를 하였다.

이때 우리는 자동차로 이동하였지만 집에서 대학교까지 이용하기에 좋은 교통편을 알아보고 부모와 함께 혹은 학생 스스로 방문해보는 것이 좋은 경험이 된다고 본다. 이처럼 학생으로서 구체적으로 원하는 대학을 다니는 자신의 모습을 상상해보는 것이 동기 유발에 도움이 된다.

대학 탐방 때 대학생 멘토를 만나는 것도 좋은 방법이다. 대학 홈페이지에 나와 있는 학과 사무실에 전화해 대학생 선배를 추천받을 수도 있다. 또는 해당 학과 교수님께 메일을 보내서 학생을 추천받는 방법도 있다. 대학생 멘토와 약속을 잡았다면 자신이 평소 궁금했던 질문 내용을 정리해보는 것도 좋다. 머릿속에 생각만 하면 잊어버리거나 놓치기 쉽기 때문에 내용을 수첩에 적어서 만나면 상대방에게 신뢰도 주고 자신의 생각도 잘 전달할 수 있다.

교직생활 때 담임을 맡은 학생들에게 방학 중 과제로 대학 탐방 보고서를 작성하게 했다. 혜정이는 경영학과를 희망했는데, 학과 멘토를 만나 경영학과가 문과에 속하지만 대학에서 수학 과목을 중요시하고 이과적인 면이 있는 학생에게 유리하다는 것을 알게 되었다. 이후 혜정이는 수학 과목에 집중을 해서 좋은 결과를 얻었다. 또한 은영이는 정치에 대한 꿈으로 법학을 전공하고 싶었는데, 대학생 멘토가 법학이 고시 공부만을 위한 것이 아니며, 법률 자문을 필요로 하는 다양한 직업을 가질 수 있다고 말해주었다. 정치에 뜻이 많다면 여러 길이 있고 정치학과를 선택할 수도 있다고 조언해주었다. 이처럼 대학 탐방은 미래의 직업에 한 발자국 더 나아가게 해준다.

아이들이 미래의 직업을 디자인하는 데, 여러 직업에 대한 간접 체험을 하는 것도 아주 도움이 된다. 중간고사나 기말고사 직후에는 아이들에게 조금은 시간의 여유가 있다. 이때 다양한 직업을 알아보고 그중에서 자신이 가장 관심이 많이 가는 직업에 대해 집중적으로 조사하도록 하였다. 이런 과정을 통하여 아이들은 여러 가지 직업에 대한 특성과 가치를 이해하게 된다.

아이들이 희망하는 직업을 보면, 주로 교사나 공무원, 혹은 TV

드라마에서 인기 있는 직업이었고, 학업 성적이 우수한 학생들은 의사나 법조인이었다. 그 외 스포츠 선수 등을 희망하기도 했다. 특히 아이들은 4차 산업혁명[정보통신기술(ICT)의 융합으로 이뤄지는 차세대 산업혁명]에 대한 예비지식이 부족하여 미래에 발전 가능성이 있는 직업을 선택하지 못하는 경우가 많았다. 아이들은 자신의 능력이 부족하기 때문이라며 미리 포기하는 모습을 보였는데, 이때 4차 산업혁명의 개념을 설명해주고 일단 지금의 학교생활과 성적 향상에 노력하는 것이 중요하다고 동기부여를 해주었다.

학교에서는 매년 5월에 여러 가지 행사를 한다. 그중 한 학급에 한 분씩 학부모님을 초대해 그들의 직업이나 학생들에게 해주고 싶은 말을 전하는 시간을 마련한다. 그동안 감사원에 계시는 분, 교육직에 계시는 분, 사업을 하시는 분 등 다양한 직업의 부모님들이 오셔서 좋은 이야기를 해주셨다. 어떤 해에는 야구 전문 기자인 학부모님이 야구선수들과 감독님까지 단체로 모시고 와 아이들이 매우 흥미로워했다.

나는 이러한 행사가 진행될 때 학생들에게 각자 부모님 직업을 조사하고 가급적 부모님의 조언을 동영상으로 촬영하게 했다. 그것을 학교에 가지고 와서 간단히 소개를 하고 함께 시청했다. 미용업, 판매업, 자영업, 공무원이신 부모님들이 직업에 대한 역할, 일의 범위, 직업 선택 시 고려할 점 등을 이야기해주어 아이들이 더욱더 다양한 직업을 간접 체험할 수 있었다. 이때 가정적으로 힘든 상황인 아이는 따로 불러서 상담을 하고, 자신이 하고 싶은 직업에 대해서 조사하고 꿈을 다지는 과제를 해오도록 개별적으로 안내했다.

자신을 이루는 참모습을 찾는 것은 아무도 대신해줄 수 없다. 그리고 그 모습에 맞는 진로를 찾는 것은 어느 참고서에 나와 있는 것이 아니다. 누군가 조언은 해줄 수 있지만 자기 스스로 찾고 결정할 때 그 진가가 발휘된다. 각자 자신의 정체성을 여러 각도로 판단해보자. 정체성을 파악한 뒤 그에 맞는 직업을 갖는 것이 좋다. 플라톤은 "행복한 사람이란 자신의 적성에 잘 맞는 직업을 갖고 살아가는 사람"이라고 말했다.

그런데 내 인생의 상당 부분을 직업으로 보내기 때문에 직업이 곧 나이고 나를 표현하는 데 직업으로 이야기해야 하는 경우가 많다. 직업을 보고 그 사람의 특징과 정체성에 대해 짐작하는 것이다. 따라서 자신의 정체성에 잘 맞는 직업을 선택한다는 것은 무엇보다 중요하다. 단순히 경제적인 부분을 해결하는 것 이상으로 자신의 존재 이유에 좀 더 명확한 의미를 부여한다.

즉, 직업을 통해서 자신의 능력을 발휘하는 보람을 맛보며, 사회가 제 기능을 하는 데 한 몫을 담당하게 되는 것이다. 그래서 직업의 올바른 선택은 개인에게는 자신의 인생을 좌우하는 문제이지만, 사회 전체로 볼 때는 사회의 유지와 발전을 위한 필수적인 역할 분담이기도 하다.

이런 이유로 초·중·고등학교를 관통하는 10대 시기, 자신의 적성에 맞는 진로를 디자인하는 것이 꼭 필요하다. 꿈을 찾고 그 꿈에 맞는 진로계획을 세우며 미래의 직업을 디자인하는 자신의 모습이 멋지지 않은가?

2장

공신들은
힘들여
공부하지 않는다

"세상에는 공부보다 더 재미있는 것들이 많아요.
영화, 컴퓨터게임, 스마트폰, 친구들과 어울리는 것 등 아주 많죠.
그런 것들에 마음을 두면 공부가 더 힘들고 지루하게 느껴져요.
하지만 공부보다 더 재미있는 것들을 모두 잊는다면
세상에서 공부가 가장 재미있게 생각돼요."

공부보다 재미있는 것들을 멀리하라

수시로 대학이 결정되고 지윤이는 인생에서 제일 한가로운 시간을 보내는 듯했다. 다이어트를 하고 운동을 하고 간만에 친구들과 어울려 지냈다. 그동안 놀지도 못하고 공부만 해왔으니 그런 여유를 즐기는 게 엄마로서 좋아 보였다.

그런데 그것도 잠시였다. 지윤이의 관심이 또다시 공부 쪽으로 옮겨간 것이다. 인터넷에서 대학교 학점 잘 올리는 방법을 찾아보고 하루 종일 틀어박혀 정리한 각종 노트 필기법이 어찌나 많은지……. 코넬대 노트 필기법, 도쿄대 합격생 노트, 모눈종이 노트법 등을 보이며 자기만의 방법을 만들어내겠다고 하였다. 지윤이는 유흥 쪽으로는 아예 관심이 없는 것 같았다. 그리고 덧붙였다.

"특별히 재미있는 것이 없어. 공부 외에는……."

물론 영화나 노래 등 소소하게 기웃거리기도 하지만 잠시 스트레스를 푸는 정도이고 지윤이의 모든 관심사는 공부이다.

최근 서울대학교 의과대학 수시 전형에 합격한 제자에게 물어보았다.

"공부를 좀 더 재미있게 할 수 있는 방법이 있니?"

그러자 제자는 웃으며 대답했다.

"그건 아주 쉬워요. 공부보다 더 재미있는 것들은 모두 잊는 거죠. 세상에는 공부보다 더 재미있는 것들이 많아요. 영화, 컴퓨터 게임, 스마트폰, 친구들과 어울리는 것 등 아주 많죠. 그런 것들에 마음을 두면 공부가 더 힘들고 지루하게 느껴져요. 하지만 공부보다 더 재미있는 것들을 모두 잊는다면 세상에서 공부가 가장 재미있게 생각돼요."

그 아이의 말이 가슴에 와 닿았다. 이보다 효과적인 공부법은 없다는 생각마저 들었다. 공부가 힘들고 지루한 것은 공부보다 재미있는 것들에 익숙해져 즐기는 습관이 만들어졌기 때문이다. 그래서 책상에 앉으면 자꾸 딴 생각이 떠오르고 집중력이 떨어진다.

미국에 거주하였을 때 유대인계열의 주립대학 교육학 교수 한 분을 알게 되었다. 딸 쌍둥이를 두었는데 그 아이들이 네 살 정도였을 때 집에 초대되어 몇 번 간 적이 있다. 그 집에는 인형이나 자동차 같은 아이들 장난감이 없었다. 주위에 온통 책만 있어서 책을 넘기면서 놀고 있었다. 그 모습을 보고 아이들에게 신체 활동이 필요하지 않은지, 너무 앉아만 있는 것은 아닌지 물어보았다. 쌍둥이 아버지는 이렇게 대답했다.

"신체운동은 아이들이 필요한 만큼 뛰어놀도록 부모가 함께 놀아주는 시간을 활용하면 됩니다. 그리고 아직 글은 읽지 못해도 책장을 넘기고, 또 책들의 모양도 다양하기 때문에 그것들을 넘기고 만지는 과정을 통해서 손가락도 충분히 움직이고 뇌 발달에 중요한 역할을 할 수 있지요."

이것이 바로 공부 이외에는 재미있는 놀이가 없다는 것을 어릴 때부터 자연스럽게 알도록 하는 원리이다.

또한 아이가 공부를 힘들여 하지 않기 위해서는 공부할 환경을 만들어주어야 한다. 이때 크고 좋은 공부방을 제공해야 한다는 이야기가 아니다. 공부를 하지 못하게 유혹하는 것들을 제거해주어야 한다. 가장 큰 장애물이 바로 TV와 컴퓨터다. 아이들은 문자를 익히면서 문자 해득력을 자연스럽게 키워나가야 한다. 그런데 문자를 통한 자극에 익숙해지기 전에 컴퓨터와 TV의 영상 자극에 익숙해지는 것 자체가 큰 문제이다.

책을 가까이한다는 것이 국어 실력만 높이기 위한 목적이 아니다. 과학과 수학을 잘하기 위해서도 문자 해득력이 우수해야 한다.

문자로 주어지는 지문을 이해하는 것 자체가 공부이기 때문이다.

공부할 때 사용하는 대뇌의 부위가 전두엽 부분이다. 그런데 영상 자료를 보고 있을 때 대뇌의 활동을 측정해보면 전두엽은 거의 활성화되지 않고 후두엽만 활성화되고 있다. 영상 자료에 익숙해지는 것이 공부하는 데 도움이 되지 않는다는 것이다. 물론 이해하기 어려운 과학 실험 등을 찍어놓은 동영상이 인터넷에 많이 있다. 이것은 해당 내용을 핵심적으로 볼 때 필요한 부분이다. 전반적이고 기본적인 내용은 책과 같은 인쇄물을 통해서 봐야 우리의 사고 체계를 총괄하는 대뇌 전두엽을 활성화시킨다. 또 그렇게 활성화된 전두엽 부분이 내가 공부를 할 때 열심히 알아듣고 정리를 한다.

컴퓨터와 TV 외에도 스마트폰을 얼마나 사용하는가를 반드시 체크해야 한다. 대다수 아이들이 스마트폰에 빠져 있다. 생활하는 틈틈이 스마트폰을 하면 줄줄 새어나가는 시간이 엄청나기에 조절이 필요하다. 가급적 학생 스스로 조절해보도록 한다. 예를 들어 집에서 공부할 때는 거실에 스마트폰을 두고 자신의 방에서 공부한다. 주기적으로 밤 9시쯤에 한 번 확인을 하고 다시 잠자리에 들때 스마트폰을 확인하는 방법도 있다.

공신(공부의신)들은 공부할 때 힘들어하지 않는다. 공부를 그냥 한다. 공부 외에 특별히 재미있는 것이 없기 때문이다. 그러기 위해 재미있는 놀이를 애초부터 멀리하는 습관이 필요하다. 한 번 두번 놀이 쪽으로 익숙해지다 보면 어느덧 몸에 배어서 공부에 집중하기가 점점 어려워진다. 어려서부터 부모가 자연스럽게 습관이 들도록 해주고, 중·고등학생이 되어서는 학생 스스로 조절하면 좋다. 환경적으로 도구적으로 놀이가 될 수 있는 것 자체를 멀리하는 것이 중요하다.

그렇게 어찌 사냐고 반문하는 학생이 있을 것이다. 자신의 꿈을 위해서 몇 년만 버텨보자. 어느 순간 훨씬 더 큰 보상으로 찾아올 것이다.

기본 습관 세 가지를 지켜라

아이들은 학교 성적에 매우 민감하다. 담임을 맡으면 아이들을 파악하기 위해 상담을 한다. 이때 반드시 체크하는 것이 이전 학년 전교 석차이다. 적어도 우리 학교 내에서 자신이 어느 정도인지 이야기하는 것이 조금이라도 넓은 시야를 갖게 하기 때문이다. 석차를 중심으로 공부 방법이나 교우관계, 가정환경 등에 대하여 자연스럽게 이야기 나눈다. 이때 공부 잘하는 아이는 물론이고 공부에 흥미를 느끼지 않을 것 같은 아이들도 알고 보면 성적에 대해서 관심이 많다.

그런데 성적이란 것이 언제든 원하는 만큼 잘 보고, 책상에 앉기만 하면 공부가 저절로 되는 것이면 얼마나 좋겠는가! 그렇게 되는 것이 쉽지 않으니까 이렇게 공부에 대한 이야기를 하는 것이다. 성적을 올리고 싶으면 기본적인 공부 습관을 가져야 한다.

기본적인 공부 습관의 첫 번째는, 몸을 많이 움직이는 것이다.

일단 몸을 많이 움직이려면 운동을 하면 좋다. 몸의 신경계는 중추신경계와 말초신경계로 나뉘는데 중추신경계는 뇌와 척수신경을 말한다. 공부하는 것이 뇌 활동이라면 뇌를 활성화시키는 것이 척수신경의 활성화와 관련이 있다. 척수신경은 척추 안에 있기 때문에 척추를 바르게 하고 많이 움직이면 척수신경을 자연스럽게 자극하고 그것이 곧 뇌 활동을 활성화시킨다. 그렇다면 척수신경뿐 아니라 그곳에서 뻗어 나온 말초신경들까지 우리 몸은 하나의 시스템으로 모두 연결되어 있기 때문에 가만히 책상에 앉아만 있는 것은 공부의 능률을 오히려 방해할 뿐이다.

그런데 우리 학생들은 충분히 운동할 시간이 없는 게 현실이다. 그래서 생활 속에서라도 가능한 한 움직여보자. 공부하는 틈틈이 스트레칭, 학교나 학원 갈 때 가까운 거리는 걸어 다니기, 계단 오르내리기 등을 실천해보자.

또한 성적을 올리는 기본적인 습관 두 번째는, 참을성이다.

자장이 공자께 물었다.

"참지 않으면 어떻게 됩니까?"

이에 공자께서 말씀하셨다.

"천자가 참지 않으면 나라가 망하고, 제후가 참지 않으면 그 몸을 잃게 되고, 관리가 참지 않으면 법에 의해 죽게 되고, 형제가 참지 않으면 각자 헤어져 살게 되고, 친구끼리 참지 않으면 정의가 소원해지고, 자신이 참지 않으면 근심이 없어지지 않는다."

자장이 말하였다.

"참으로 좋고도 옳은 말씀입니다. 참는 것이 어렵고도 어렵구나. 사람이 아니면 참지 못하고 참지 못하면 사람이 아니다."

이러한 공자의 말씀을 현대적으로 해석하고 증명한 사례가 있다. 바로 그 유명한 '마시멜로 실험'이다. 1968년 미국 스탠퍼드대학교의 월터 미셸(Walter Mischel) 박사 연구팀은 5세 아동 600명을 대상으로 다음과 같은 실험을 진행했다. 배가 적당히 고픈 아이들에게 마시멜로 한 봉지를 주면서 지금 당장 먹어도 되지만 15분을 더 참으면 그에 대한 보상으로 한 봉지를 더 주겠다고 제안했다. 제안을 받자마자 어떤 아이들은 바로 먹어치웠고, 또 다른 아이들은 조금 참다가 포기하고 먹어버렸다. 하지만 그중에서도 몇몇 아이들은 끝까지 참고 기다려서 두 봉지를 얻는 데 성공했다.

그 후 연구팀은 실험에 참가한 아이들을 30년 동안 철저하게 추적하며 조사했는데, 그 결과가 굉장히 놀라웠다. 우선 미국 대학 입학시험인 SAT(Scholastic Aptitude Test)에서 참은 아이들의 평균 점수가 참지 못한 아이들보다 20점이나 높았다. 그리고 직장생활이나 결혼생활에 있어서도 참은 아이들이 참지 못한 아이들보다 성공적이고 행복한 삶을 영위했다.

마시멜로 실험은 참을성이 인생의 성공을 좌우한다고 이야기하고 있다. 참을성이란 당장 하고 싶은 걸 참고 조절해 뒤로 미룰 줄 아는 만족 지연 능력을 뜻한다. 겨우 5세인 아이들에게 좋아하는 마시멜로를 보면서 15분 동안 견디는 일은 고문이나 다름없었을 것이다. 마시멜로 실험에서 잘 참은 아이들의 비율은 전체의 30%였다. 그런데 이 수치는 교육 현장에서 아이들에게 과제를 내주고 수행 능력을 보면 그 비율이 비슷하게 들어맞는다. 수업 시간에도 참을성 있게 교사의 설명에 집중하거나 과제를 수행해내는 비율이 30% 정도다. 이처럼 참을성은 아이들의 공부와 학교생활에도 적지 않은 영향을 끼친다.

마지막으로, 성적을 올리는 기본적인 습관은 자신감과 긍정적인 태도를 갖는 것이다.

인간이 탄생한 지 얼마 지나지 않았을 때였다. 어느 날 인간들과 장난을 치고 싶던 신이 천사들을 불러서 물었다.

"어떻게 하면 '열등감'을 인간들 속에 몰래 넣을 수 있겠느냐?"

한참을 생각한 천사들은 저마다 의견을 내놓았다. 인간의 눈에 넣자는 의견도 있었고 귀에 넣자는 말도 나왔다. 누군가는 이빨 사이에 숨겨두자고 했다. 하지만 신은 미소를 지으며 조용히 고개를 가로저었다.

그때 구석에 조용히 있던 한 어린 천사가 입을 열었다.

"사람들의 마음속에 숨겨놓는 것이 어떨까요? 그곳이 가장 깊숙하고 은밀한 곳이니까요."

자신감 있는 태도의 중요성은 누구나 공감한다. 하지만 자기도 모르게 마음 깊은 곳에서 슬며시 열등감이 고개를 들면 그 생각에 빠져서 어느새 부정적인 마음이 되는 경우가 많다.

공부 앞에서 자꾸 움츠러드는 마음이 들더라도 일단 행동으로 옮겨보자. 수업을 들을 때는 교실 앞쪽에 앉기를 권한다. 그렇게 하면 자신감이 넘치는 사람들이 느끼는 감정을 경험해볼 수 있다. 또한 평소에 허리를 똑바로 세우고 어깨를 펴서 앞을 당당하게 바라보며 경쾌하고 가볍게 다녀보자. 이런 자세를 하면 전에는 보지 못하던 것들을 발견하며 '할 수 있다'라는 느낌을 받게 된다. 이런 습관이 생기면 열등감이 들어설 자리가 서서히 없어진다. 앞에 선 선생님과 눈빛을 한 번이라도 더 교환해보고 싶고, 아름다운 것을 더 관찰해보고 싶어지며, 즐거워 보이는 일에 참여하고 싶어진다.

공부 습관을 가진다는 것은 공부를 하기 위한 기본적인 베이스를 만드는 것이다. 그 베이스가 바로 체력, 참을성, 자신감과 긍정적인 태도이다. 이 세 가지가 충족되면 공부의 좀 더 세부적인 단계들은 어렵지 않게 해나갈 수 있다. 이제 성적 결과만 기다릴 때다.

저절로 공부가 되게 하라

대학 입시가 여러 번 바뀌고 있다. 지금은 수학능력시험(수능)이라고 하는데, 86학번인 내가 대학 입시를 치른 시기인 1982~1993년도에는 학력고사라고 했다. 그때는 필기시험 320점에 체력장 20점을 합하여 340점 만점으로 구성되었다. 체력장에는 100m달리기, 철봉에 팔굽혀매달리기, 윗몸일으키기, 멀리뛰기 종목 등이 있어서 각각 어느 정도 하면 그것을 점수화했다. 그 기준에 맞게 하면 모두 합해서 20점 만점이 나오고 기준치에 모두 떨어지면 16점이 최하 점수이다. 이런 체력장을 중학교와 고등학교를 졸업할 때 두 번 거쳤다.

나는 중학교 3학년 졸업할 때까지 예체능에 전혀 소질이 없다고 스스로 단정하고 실기에 어떠한 노력도 기울이지 않았다. 다만 필기시험으로 수우미양가 중에서 간신히 '우'를 맞는 정도로 만족하였다. 그렇다 보니 중학교 졸업 때 체력장에서 최하 점수인 16점을 받는 것은 어쩌면 당연했다. 그런데 막상 최하 점수를 받으니 기분이 썩 좋질 않았다. 무엇이든 열심히 해야 했는데 그러지 못한 내 자신이 마음에 들지 않았다. 게다가 고등학교에서 대학교에 갈 때는 1점이 아쉽고 그 점수로 대학과 학과가 정해진다고 하니 고3을 준비하는 겨울방학부터 마음이 내내 불안해졌다.

체육이 정말 젬병이지만 대학 입시를 치러야 하므로 더 이상 가만히 있을 수가 없었다. 그래서 100m달리기나 멀리뛰기는 자신이 없어서 팔굽혀매달리기와 윗몸일으키기를 하루에 조금씩이라도 해보자고 마음먹었다. 팔굽혀매달리기는 '준비 땅'을 하면 곧바로 떨어지고 윗몸일으키기도 한 번 정도밖에 못했다. 그래서 3학년 올라가는 3월부터 시작하였다. 학교에 등교하면 일단 운동장 한쪽에 있는 철봉으로 간다. 그리고 무조건 철봉에 올라간다. 1초라도 매달려 있자는 마음으로 버틴다. 정말 1초밖에 못 버텼다. 그다음 날은 1초만 더 하자는 마음으로 버틴다. 그렇게 해서 하루에 1초씩 늘려나갔다. 윗몸일으키기도 마찬가지이다. 처음엔 한 번만 하자는 마음으로 하니까 정말 한 번만 하였다. 그렇게 하루에 하나씩 늘려나갔다.

이런 과정을 거쳐서 하루하루 조금씩 하니까 그 전에는 상상할 수 없었던 만점을 받고 모든 점수를 합하니 20점은 넘어서 대학 입시를 치르게 되었다.

이때 중요한 것은 날이 거듭될수록 등교하자마자 아무 생각 없이 철봉으로 간 것이다. 처음에는 이러다가 교실에 늦지 않을까, 과연 1초라도 버틸 수 있을까 하는 여러 생각들로 주저하였지만 언제부터인가 싫다거나 즐겁다는 생각조차 없이 철봉으로 가서 매달리고 있었다. 습관으로 자리 잡자 아무 감정 없이 행동을 반복하게 된 것이다.

스티븐 기즈는 『습관의 재발견』이란 책에서 제레미 딘의 말을 다음과 같이 인용하였다.

"『굿바이 작심삼일(Making Habits, Breaking Habits)』의 저자 제레미 딘은 '습관은 인지의 레이더망만 피하는 것이 아니다. 감정적인 면에서도 그렇다. 습관에 따라 행동하는 것은 희한하게도 감정이 연루되지 않는다'고 했다."

반복되는 행동에 대해서는 자극을 느끼기 어렵다. 그 행동에 대한 감정은 점점 무뎌진다. 습관이 주는 장점 중 하나가 바로 거부감이 적어지고 점점 자동화된다는 점이다.

뇌에는 습관회로가 있어서 반복되는 행동 패턴을 기억하여 회로를 만든다. 평소 하지 않던 새로운 행동을 하면 대뇌피질에서는 낮

선 경험을 학습하고 의미를 부여하면서 열심히 일을 한다. 대뇌피질의 전전두엽과 함께, 변연계의 기저핵, 뇌간의 중뇌가 동시에 활동한다. 그런데 대뇌피질은 곧바로 피로감을 느끼게 되고 점점 같은 행동이 반복되면 기저핵과 중뇌만 활동한다. 즉 생각과 판단 없이 자동으로 행동하게 된다. 대뇌에서는 습관회로를 통해 활동을 최소화하고, 남는 에너지로 창조적인 일을 하려는 메커니즘이 있는 것이다. 습관회로를 만드는 곳은 기저핵이다. 중뇌는 도파민을 분비해 쾌감을 일으켜 습관이 자리 잡도록 한다. 따라서 대뇌에서 관여하지 않으니 습관으로 정착된 행동을 할 때는 아무런 감정이 일어나지 않는 것이다.

공부도 마찬가지이다. 매일 책상에 앉아 그날 배운 것을 펴놓고 복습하다 보면 어느 순간부터 너무나 자연스럽게 그 생활을 반복하게 된다. 그렇게 공부 습관을 만들다 보면 아무 생각 없이 저절로 공부가 이루어진다.

습관으로 정착시키기 위해 몇 날 또는 몇 달을 버텨야지 하는 생각도 갖지 말자. 오늘만 하면 된다. 오늘만 하면 된다는 생각으로 꾸준히 조금씩 앞만 보고 가자. 그러다 보면 내 몸이 저절로 싫거나 좋다는 생각에 매이지 않게 된다. 이것이 바로 저절로 되는 공부법이다.

공부는 '머리' 가 아니라 '방법' 이다

담임을 맡아 아이들에 대한 파악이 어느 정도 끝나면 가장 먼저 한 일이 모둠을 짜주는 것이었다. 이때 너무 친한 아이들끼리 쏠리지 않게 하되, 성향이 너무 맞지 않는 아이들끼리도 조직되지 않도록 유의한다. 성적도 물론 고려해야 한다. 최상위권 학생은 상위권 학생과 함께 짜고 중위권 학생은 중하위권 학생과 짠다. 중하위권 학생은 하위권 학생과 같은 모둠에서 생활하도록 한다. 각 모둠은 앉는 자리를 앞뒤로 붙여서 네 명으로 하고 모둠별 애칭도 만들어 불러주도록 격려한다.

이때 이용한 원리는 공부 방법을 벤치마킹하는 것이다. **따라서** 아이들의 앉는 위치가 중요하다. 하루 종일 그 자리에 앉아서 수업을 듣고 이야기도 하기 때문이다. 아이들로 하여금 자신보다 공부를 잘하는 학생의 공부 방법을 보고 따라하도록 아예 학기 초에 공개적으로 이야기한다. 만약 중위권 학생이 중하위권 학생과 같은 모둠일 때는 중위권 학생은 누굴 보고 따라하는지 의아해할 수 있다. 중위권 학생의 위치를 분단이 떨어져도 상위권 학생 옆쪽 분단으로 앉도록 배치한다. 다른 모둠이라도 앉는 위치를 이렇게 배치해서 서로 긍정적인 영향을 주고받고 함께 갈 수 있는 분위기를 만들도록 노력한다.

또 한 가지 방법은 모르는 교과 내용이 있으면 일단 모둠 단위에서 서로 가르쳐주는 것이다. 모르는 학생 입장에서는 친구에게 질문하고 배우면 도움이 되는 것이 당연하다. 그런데 가르쳐주는 학생의 입장에서는 언뜻 보면 시간이 뺏기는 것 같지만 특정 내용을 설명해주는 과정을 통해 그 내용을 더 확실하게 인지할 수 있다.

이렇게 신중하게 모둠을 정해주고 한 학기는 그대로 간다. 한 학기 동안 중간고사와 기말고사가 있기 때문에 두 번의 기회가 있고 이때 서로 협력하여 성적을 올리도록 노력한다. 함께 상승한 모둠에 대해서는 푸짐한 상품과 교실 내 게시판에 칭찬스티커 등과 같이 격려의 내용을 게시하여 많은 친구들에게 인정을 받고 내적인 동기를 유발할 수 있도록 한다.

이렇게 1학기를 마치고 2학기에는 1학기에 참고한 여러 변수와 함께 자신들이 바라는 친구들이나 자리 배치 등 희망 사항을 받아본다. 아이들의 의견을 존중하고 신선한 제안은 수렴하면서 2학기를 시작할 수 있어서 좋다.

사실 많은 아이들이 공부는 머리가 좋아야 잘할 수 있다는 의식이 팽배하다. 그래서 자신이 조금만 부족해도 머리 탓을 하며 지레 포기하는 학생들이 많다. 하지만 이런 모둠 활동을 통해 공부에 두려움이 많거나 길을 찾지 못했던 아이들도 공부의 방법과 재미를 알아갈 수 있다. 무엇보다 공부는 머리보단 습관임을 터득하게 되고 자기만의 공부 방법을 찾기 위해 고민하게 된다.

젊은 심리학자 루이스 터먼은 지능이 높은 아이들에 대한 연구를 필생의 과제로 삼았다. 그는 1921년에 막대한 자금을 후원받아 지능지수(아이큐)와 성취도의 관계를 알아보는 대규모 프로젝트를 시작했다. 터먼은 초등학생과 중학생 25만 명을 검사해 아이큐가 140~200인 1,470명을 추려냈다. 그리고 일생 동안 이들을 추적 연구했다. 그는 연구를 시작하면서 『천재 유전학』이라는 책에서 이렇게 말했다.

"개인의 성공에 지능만큼 중요한 것은 없다."

터먼은 아이큐를 절대적으로 믿고 있었다. 25만 명 중에서 선별한 아이큐 정예들은 시간이 지나면 사회를 주름잡는 성공의 아이콘이 될 것이라고 자신했다. 하지만 결과는 참담했다. 터먼이 선택한 아이들은 다수가 공무원이 되었고, 대법관 2명, 지방법원 판사

2명, 캘리포니아 주 의원 1명, 그리고 걸출한 주 관리 1명이 나왔다. 전국적으로 이름을 떨친 사람은 극소수에 불과했고 대부분 평범한 직업에 종사했다. 그가 철저히 골라낸 아이들 중에서는 단 1명의 노벨상 수상자도 나오지 않았다. 오히려 선별 과정에서 아이큐가 높지 않아 제외한 아이들 중에서 무려 2명의 노벨상 수상자가 나왔다. 바로 트랜지스터를 발명하여 노벨 물리학상을 받은 윌리엄 쇼클리, 그리고 소립자에 대한 업적으로 마찬가지로 노벨 물리학상을 받은 루이스 앨버레즈이다.

심리학자 멜리타 오든(Melita Oden)이 최고의 성과를 올린 사람들의 아이큐를 확인했더니 보통 수준에서 아주 조금밖에 높지 않았다. 오히려 그는 아이큐보다는 큰 야망과 높은 노동윤리가 일의 성공에 더욱 큰 영향을 미친다고 한다.

오하이오주립대학교의 제이 자고르스키(Jay Zagorsky) 교수가 청소년 장기연구 프로젝트에 참가한 7,403명을 대상으로 실시한 연구에서 아이큐와 자산 사이에 아무런 상관성이 없음을 확인했다. 이처럼 많은 연구들이 아이큐와 성공은 거의 상관관계가 없다고 입증하고 있다. 결국 터먼은 『천재 유전학』 4권을 낼 때 어쩔 수 없이 이렇게 고백할 수밖에 없었다.

"지능과 성취도 사이에는 어떠한 상관관계도 없다."

서현이는 유독 자신의 머리가 나쁘다고 생각하며 의기소침한 모습으로 상담을 청해왔다. 우연히 학교생활기록부를 보게 되었는데, 아이큐가 92점으로 적혀 있어서 너무 실망스러웠다고 하였다.

나는 서현이의 아이큐는 전체 50% 내에 드는 평균 범위라는 것과 아이큐와 성취도는 상관관계가 없다는 것을 말해주었다. 그리고 그날 수업한 내용을 그날 모두 공부하는 습관을 들이고, 학기 초에 만들어준 모둠 내에서 모르는 내용을 묻고 배우면서 문답일지를 간단히 작성해 일주일 동안 매일 체크해보자고 하였다. 그 후에는 3일에 한 번씩 체크를 해주었고, 그다음부터는 일주일에 한 번씩 한 달 동안 체크를 해주었다. 이는 서현이가 새로운 공부 습관을 갖도록 담임 입장에서 도와준 것이다.

그렇게 하고 난 후 치른 기말고사에서 서현이는 성적이 많이 올라 누구보다 기뻐하였다. 나 또한 보람을 느꼈고 이런 사례들을 아이들과 공유하면서 역시 공부는 머리보다 공부 습관이 중요하다는 것을 아이들에게 강조한다. 따라서 자신만의 공부 방법을 찾아 합리적이고 생산적인 공부 습관을 세워야 한다. 공부를 하는데 적절한 시간 계획을 세우고 있는가, 집중해서 공부를 하는가, 독서 방법은 효과적인가 등 여러 관점에서 자신의 공부 방법을 살펴보자. 그리고 주저 없이 행동으로 옮기자.

"얘들아~ 공부는 머리가 아니야. 자신에게 맞는 방법으로 공부 습관을 길들이기야~."

'좀 있다' 가 아니라 '지금 당장' 하라

저명한 과학자 셸리 버거는 "성공의 비결은 시작하는 것에 달렸다"고 말한다. 그의 말대로라면 성공이란 당장 일어나 행동하면 쉽게 이룰 수 있는 것이다. 그러나 보통 사람들은 성공을 꿈꾸고 멋진 삶을 살고 싶어도 어떻게 해야 실현시킬 수 있는지 어려워하는 경우가 많다. 단지 지금 시작만 하면 되는 것을 모르기 때문이다. 지금 당장 출발하면 아무리 먼 길이라도 달려갈 수 있다.

하버드의 행동연구 수업에서 한 교수가 자신의 주머니에서 100달러짜리 지폐를 꺼내고는 학생들에게 말했다.

"지금부터 재미있는 게임을 하겠습니다. 단 여러분의 투자와 빠른 행동이 필요합니다. 자, 여러분이 갖고 있는 50달러와 이 100달러를 바꿀 사람이 있습니까?"

교수는 몇 번을 연달아 물었지만 학생들은 가만히 있을 뿐 어느 누구도 100달러와 바꾸겠다고 나서지 않았다. 한참을 기다리자 겨우 학생 한 명이 수줍어하며 강단에 올라왔다. 하지만 학생은 의심 어린 눈빛으로 교수와 그의 손에 있는 100달러 지폐를 번갈아 볼 뿐 아무런 행동을 하지 못했다. 교수가 물었다.

"아직도 망설이고 있나?"

학생은 그제야 손을 뻗어 자신의 50달러와 교수의 손에 있는 100달러를 바꾸었다.

그러자 교수가 말했다.

"인생에서 남과 다른 성공을 거두길 원한다면 즉시 행동하고 서둘러 첫걸음을 떼야 합니다."

하버드 MBA 과정의 교수들은 항상 즉시 행동하는 것에 대한 가치를 강조한다. 학생들에게 가장 필요한 습관 가운데 아주 중요한 부분이기 때문이다. 기회가 눈앞에 나타난다면 반드시 즉각적으로 행동하는 것이 앞서 나갈 수 있는 방법이다.

은경이는 공부를 열심히 하고 있는데 성적이 오르지 않아서 고민이었다. 수업 태도가 바르고 열심히 하려는 마음이 있는데 오히려 성적이 떨어지는 것이다. 은경이와 같은 학생들이 의외로 많다. 이럴 경우 성적뿐만 아니라 자신감도 더 떨어지게 된다.

이때 걱정만 하고 있으면 아무것도 해결할 수 없다. 먼저 담임 선생님과 함께 자신의 문제를 정확하게 파악하는 것이 필요하다. 그리고 해결점을 찾았다면 즉시 실행에 옮겨야 한다. 이때 실행은 현실을 토대로 해야 한다. 현실을 토대로 계획을 수립하고 실현하기 위한 구체적인 방안을 모색하는 것이 중요하다.

과학 과목 성적이 유독 오르지 않는다면 과학 시간에 프린트물과 교과서 등 선생님의 강의 내용을 충실하게 따르고 있는지 살펴보자. 학교 시험 문제는 특히 선생님의 강의와 관련이 있기 때문이다. 자신이 원하는 것은 학교 과학 시험에서 100점을 맞는 것인데 수능 위주의 공부를 하고 있지는 않은지 점검해보는 것이다.

그러기 위해 일단 학교가 끝나면 가방 안의 물건부터 정리하고, 무엇이 있는지 확인하는 것부터 실행하자. 그것이 점점 익숙해지면, 이제는 선생님이 수업하신 주재료를 펼쳐보자. 이렇게 하면 수업한 내용이 들어오고 자연스레 복습이 된다.

이것이 자기주도학습의 첫 번째 방법이다. 어느 순간 자기 의지와 상관없는 학원을 다니고, 학원 수업을 듣는데 무언가 힘들고 숙제에 치이고 있다면 다시 한 번 자신의 학원이나 공부 스케줄을 점검해볼 필요가 있다.

공부를 잘하려면 어느 하나를 잘 붙들고 그것을 끝까지 잡고 가는 것이 좋다. 학교 수업, 학원 수업 다 필요하지만, 학생이라면 학교 수업을 잘 붙들고 가보자. 수업 시간에 집중하고, 그 내용을 복습하고, 그 내용에 맞는 문제집을 풀어보는 것이다. 이때 모르는 문제가 나오면 질문하는 단계까지 가면 더욱 좋다.

이렇게 수업에 집중하다 보면 새로운 아이디어가 계속 생겨난다. 예를 들어 선생님의 말씀을 노트에 잘 기록해보다가 그 방법보다는 프린트물을 이용하는 것이 효율적이라는 것을 알게 될 수 있다. 벌써 이 정도까지 오면 과학 성적이 오르는 것뿐만 아니라 훨씬 여러 단계로 나아가지 않겠는가?

그러고 나서 학원이 더 필요하다면 학원 수업도 이렇게 하면 된다. 자기가 부족한 경우 스스로 선택한 수업에 집중하고, 집에 돌아와서 다시 그 내용을 보고, 주어진 숙제를 한다. 하나의 줄기를 잡고 그것이 일단락될 때까지 잡고 가는 것이 중요하다.

'해야 하는데……. 좀 있다가 하면 되지'라고 생각만 하고 실천을 미루고 있다가는 공부는 점점 더 멀어진다.

비틀즈가 어떻게 탄생했는지 묻는 말에 폴 매카트니는 이렇게 답했다.

"어떻게 해야 하는지 아무도 몰라요. 그냥 만들어봤을 뿐이죠."

무언가를 처음부터 의도하고 만드는 것이 아니란 의미이다. 일단 해보니 그 무언가가 만들어지고 완성되는 것이다. 그런 마음으로 모든 것이 시작되고 그 시작이 반이라는 것은 직접 해보면 이해할 수 있다.

인류학자 카를로스 카스타네다도 이렇게 말하고 있다.

"전사(戰士)는 오로지 행동으로 산다. 행동에 대해서 생각하는 것도 아니고, 행동한 뒤 어떤 생각을 하게 될지 생각하는 것도 아닌, 오로지 행동함으로써 산다."

이런 방법으로 우리는 그날의 공부를 당장 실행하고, 그렇게 하다 보면 점점 비전에 다가서게 된다. 지금의 현실에서 할 수 있는 일을 파악하여 당장 실행에 옮기는 일, 그것부터 시작하자. 처음부터 비전을 갖고 출발하려고 하면, 자신에게는 그에 걸맞은 자질이 없다고 느껴 실행하기도 전에 좌절하고 포기하기가 쉽다.

현재 주어진 자신의 상태에서 지금 당장 행동하라. 공부를 일단 그냥 시작하라.

사소한 것부터 해나가라

지윤이는 중학생 때 플로어볼 학교 대표 선수였다. 나는 플로어볼을 잘할 수 있는 구체적인 실천 방법이 있는지 아이에게 물어봤다. 지윤이는 매일 아침 다른 친구들보다 20분 정도 일찍 학교에 가는데, 이때 교실로 가지 않고 강당으로 향한다. 강당에서 플로어볼에 쓰이는 스틱과 공(핸드볼 정도의 크기에 해당하는 단단한 재질의 공)을 이용해 논다고 한다. 스틱으로 공을 튕기고 들어 올리며 패스 연습을 15분에서 20분 정도 꾸준히 하는데, 어느새 실력이 늘어 있어 자신도 깜짝 놀란다고 한다. 이렇게 매일 하는 것이 학교 대항전을 몇 게임 더 나가는 것보다 훨씬 중요하다.

플로어볼의 패스 연습이 많은 관객이 있는 곳에서 멋진 유니폼을 입고 경기하는 모습과 비교해보면 지루하고 초라해 보일 수 있다. 그러나 일상에서 짧은 시간을 내어 기본에 충실한 연습을 차곡 차곡 하다 보면 어느새 자신의 실력이 이만큼 성장해 있는 것을 볼 수 있다. 그러기 위해서는 사소하지만 한 걸음씩 내딛는 발걸음을 소중히 생각하고 순간에 집중하는 것이 중요하다.

성공한 사람들은 한 가지 공통점을 가지고 있다. 바로 사소한 부분을 놓치지 않는다는 것이다. 스티브 잡스가 매킨토시의 초기 모델을 개발할 때의 일이다. 개발 중이던 매킨토시의 기판은 여기저기 수많은 배선이 교차하는 '와이어 래핑' 이라는 방법으로 만들어졌다. 그런데 어느 날 기판 제작 현장을 찾아간 스티브 잡스는 배선이 너무 근접해 있어서 메모리 칩이 흉하다고 지적했다. 그때 아날로그 기판을 담당했던 직원이 대답했다.

"컴퓨터 기판이 어떻게 생겼든 누가 신경이나 쓴답니까? 그보다 중요한 건 제대로 작동하느냐지요. 아무도 컴퓨터 기판 같은 걸 들여다보지는 않습니다."

이 말에 잡스는 반박했다.

"다른 사람이 몰라도 내가 알잖아? 아무리 상자 속에 들어 있는 것이라고 해도 가능한 한 아름답게 보이고 싶다고."

바로 그 누구도 아닌 내가 그렇게 보는 것이 중요하다는 것이다.

한화이글스의 김성근 감독은 '일구이무(一球二無)'를 주장한다.

이것은 '공 하나에 두 번째는 없다'란 뜻으로, 공 하나에 모든 승부를 건다는 말이다. 한 번 더 출루, 한 베이스 더 그렇게 김성근 감독은 사소함에 목숨을 걸었고, 가는 곳마다 감동을 만들어냈다.

이렇듯 사소함을 가볍게 여기지 말아야 한다. 사소함이 모여서 놀라운 결과를 만들어내기 때문이다. 공부도, 자신이 하는 일이나 사람의 관계에서도 사소함에 귀 기울여야 한다. 사소함을 사소하게 여기는 순간 문제는 시작된다.

얼마 전 하버드 MBA는 농구 실력이 비슷한 학생들을 세 그룹으로 나누어 실험을 했다. 첫 번째 그룹은 한 달 동안 자유투 연습을 멈추었고, 두 번째 그룹은 한 달 동안 매일 오후 정해진 시각에 체육관에서 한 시간씩 자유투를 연습하게 했다. 마지막으로 세 번째 그룹은 매일 머릿속으로만 한 시간씩 자유투를 연습하도록 했다.

한 달이 지나고 결과가 나왔다. 연습을 하지 않은 첫 번째 그룹의 자유투 성공률은 39%에서 37%로 떨어졌고, 매일 연습한 두 번째 그룹은 39%에서 41%로 높아졌다. 그리고 상상 속에서 연습했던 세 번째 그룹의 성공률은 39%에서 42.5%로 올랐다.

이것은 하루에 무언가를 조금씩 꾸준히 실천하는 것만큼이나, 소망을 갖고 자신의 마음으로 그것을 그려보는 것도 놀라운 결과를 가져다준다는 것을 말해주고 있다. 사소한 것일지라도 하루에 조금씩 자신의 마음으로 상상해보고, 그것을 실천하는 것은 그만큼 그 일에 집중하고 있다는 것이다. 그런 꾸준한 실천이 매일 한 치씩 자신을 나아가게 한다.

공부도 사소함에 주목해야 한다. 너무 큰 목표만 세우고 사소한 것들을 챙기지 못하다 보면, 얼마 하지도 못하고 금방 지쳐버린다. 기본적인 것들이 꾸준한 습관으로 자리 잡혀야 공부라는 큰 축이 흔들리지 않게 된다. 자신의 목표를 꾸준히 상상하되, 우선은 작은 것부터 하나하나 해나가는 것이 필요하다.

사소한 것에 정성을 들이고 그 사소한 차이에 집중해보자. 처음에는 답답할 수 있다. 마치 안개 속을 걸어가는 느낌일 것이다. 그래도 조금만 반복해보자. 매일 같은 일을 같은 시간에 하다 보면 어느새 어제와 오늘이 다르게 느껴지는 경험을 맛볼 것이다. 매일 한 치씩 성장하는 자신을 발견하게 될 것이다. 그 재미를 알게 되면 자신이 공신이 될 날도 멀지만은 않은 것이다.

연애하듯이 공부하라

연애하듯이 공부한다는 것은 어떤 것일까? 연애란 서로 사랑하여 늘 함께하고 싶은 것이다. 공부에도 이런 마음이 생기도록 해보자는 것이다. 밥을 먹을 때도 화장실에 갈 때도 잠자기 전에도 오늘 공부한 내용을 머릿속에 그리면서 잠이 들어보면 어떨까? 늘 함께하며 자연스럽게 공부에 애정을 가져보는 것이다.

이렇게 이야기하면 그렇게 어찌 사냐고 말하는 학생이 있을 것이다. 하지만 우리가 어떤 것에 마음을 쏟고 집중할 때를 생각해보자. 내가 어떤 사람을 좋아하고 있거나, 또는 게임에 한창 마음을 뺏기고 있을 때 어떠한가? 눈을 뜨고 생활하면서 계속 그 생각을 하게 된다.

공부도 기왕 할 것 이런 마음으로 해보는 것이다. 학생들은 하루의 대부분을 학교와 학원에서 보낸다. 공부와 떼려야 뗄 수 없는 관계다. 이런 상황을 인정하자는 것이다.

"그래, 어차피 해야 하는 거야. 모든 아이들이 그렇게 하고 있잖아."

이렇게 마음을 먹었다면, 좀 더 애정을 담아 공부에 적극적으로 뛰어들어 보자. 수업이 끝나면 그 배운 내용을 훑어보고, 외워야 할 것을 외운다. 이해를 하더라도 그 내용이 곧바로 떠오를 정도가 되어야 문제에 쉽게 응용할 수 있다. 그러기 위해선 이해한 내용을 여러 번 반복해서 외우듯이 해야 한다.

보통의 학생들은 학교나 학원 인터넷 강의 등에서 수업을 들을 기회가 많다. 잘 요약된 강의들이 충분히 제공되어 듣고 있으면 이해가 잘되는 것처럼 느껴진다. 그런데 그다음이 문제다. 그것을 완전히 자기 것으로 만드는 시간은 부족하다. 필요한 내용을 외운다는 느낌으로 익숙하게 자기 것으로 만드는 단계가 반드시 필요하다. 이렇게 하기 위해서는 공부를 내 몸과 딱 붙여서 익혀야 한다. 늘 함께하는 것이다. 잠깐 동안의 자투리 시간을 활용하여 필요한 단어와 그래프 등을 외우고 익히는 것도 좋다.

학교에서 학급활동 시간을 이용해 아이들에게 공부하고 난 후의 느낌에 대해서 써보도록 했다. 이때 공부를 잘하는 아이들과 공부에 홍미를 느끼지 못하는 아이들의 대답이 사뭇 달랐다.

공부를 좀 잘하는 아이들은 이렇게 대답한다.

"어려운 문제를 풀고 나니 정말 뿌듯했어요."

"공부할 게 많은데 시간이 빨리 지나가요."

반면 공부에 홍미를 느끼지 못하는 아이들의 대답은 이렇다.

"어휴, 정말 지겨워요. 문제를 풀고 있는데 머리가 아파요."

"공부를 잘하지 않아도 잘 살지 않을까요?"

공부에 재미를 느끼는 아이들은 몰랐던 것을 알아가는 과정에서 만족감과 행복을 느낀다. 세상에서 가장 재미있는 놀이가 공부다. 이런 마음이기 때문에 공부를 잘하게 되고, 공부가 더 재미있어진 다. 반면에 성적이 잘 오르지 않는 학생들은 공부에서 재미를 찾지 못하고 거부감을 가진다. 책상에 앉아 있으면 자꾸 딴 생각이 떠오 르고 공부에 집중하지 못한다.

자신이 그동안 공부에 홍미가 없었다면, 이젠 더 이상 회피하지 말고 현실에 충실해야 한다. 엄청나게 어렵고 큰 공부를 하라는 것 이 아니다. 지금 학교에서 공부한 내용을 자기 것으로 만드는 것부 터 시작하자.

지인 중에 글을 잘 써서 방송작가로 활동한 친구가 있다. 학창 시 절 문학소녀였고 공부도 잘하던 친구였다. 그렇게 글을 좋아하던 친구가 결혼을 하더니 일을 그만두고 전업주부의 길을 택했다. 가 정과 자녀양육에 집중하기 위해서였는데, 얼마 전에 안부가 궁금하여 통화하던 중 다시 글을 쓰고 싶지 않은지 물어보았다.

그 친구는 씩 웃으면서 한마디 하였다.

"지금은 지금의 일에 충실할래. 그 일은 언젠가 다시 시작할 수도 있겠지만 난 지금 현재가 중요해."

그 친구의 장점은 항상 주어진 일상에 충실하다는 것이다. 학창 시절 공부에 충실했던 사람은 나중에 무슨 일을 해도 그 일에 충실하다는 것을 실제로 보여준 예이다.

학생들이 하루 대부분의 시간을 보내는 '학교'라는 단어는 고대 그리스어 '스콜레'에서 유래한다. '스콜레'는 한가함, 자유시간, 조용함, 평화를 뜻하는데, 이런 한가한 상태의 자유로움이 학문을 위한 탐구와 토론으로 이어져 오늘날 학교, school의 어원이 됐다. 즉, 학문이 구체적이고 실용적인 목표를 지향한 목적 활동이라기보다 여가와 한가함에서 비롯한 성찰 또는 탐구 활동에 뿌리를 두고 있음을 알려준다. 노예제사회인 고대 그리스에서 스콜레는 자유인만이 누릴 수 있는 가치였다. 공부, 학교를 생각하면 왠지 억압, 절제, 경쟁 등이 떠오르는데 이와는 무척 상반되어 보여 새롭기까지 하다.

공부를 만약 연애하듯이 한다면 얼마나 즐거울까? 공부와 연애의 공통점이 있다. 공부나 연애는 모두 타이밍이 있다. 공부는 초등 저학년, 고학년, 중학교, 고등학교에서 하는 공부의 양과 질이 모두 다르고 순차적으로 밟아나가면서 성장해간다. 고등학교 때 열심히 공부하는 것과 군대를 다녀와서 20대 중반에 공부하는 것은 다를 수밖에 없다. 공부하기에 좀 더 효과적인 시기가 있는 것이다.

연애 또한 상대방의 감정에 타이밍을 맞추어 함께 소통해야 이어진다. 상대가 꽃구경을 가고 싶어 할 때 드라이브를 함께하는 타이밍을 맞추면 연애가 깊어질 확률이 높다. 그런데 이런 타이밍은 상대방에 대한 사랑과 관심이 있으면 어느 정도 파악될 수 있다. 공부도 관심을 가지고 이렇게 해보고 저렇게 시도해보면 그 열매가 달다.

중·고등학교 때는 공부와 연애하는 마음으로 타이밍을 맞추어 관심을 기울여보자. 일단 고등학교까지 학교 공부에 충실하면서 자신에 맞는 적성을 찾고 그 길을 결정하자고 마음을 정리하는 것이 필요하다.

이런 과정을 거치고 나면 공부를 하는 것이 조금은 즐거워질 수 있다. 점점 공부가 애인처럼 느껴질 수 있다. 매일 조금씩이라도 내 마음을 공부에 내어주자. 공부를 하면 어려운 이론이나 원리를 깨달았을 때, 뇌에서 쾌감이나 행복감을 주는 도파민이 나온다고 한다. 실제 연애를 하지 않아도 연애하듯이 '즐거운 공부'를 통해 도파민이 분비되길 바란다.

습관으로
공부 근육을
키워라

공부를 잘하고 싶은 마음만으로는 공부를 잘해나갈 수 없다.

일상의 습관에 집중하고 한 단계 실천해나가면서

자신만의 마음의 근육, 공부 근육을 키워야 한다.

그러다 보면 나도 언젠가는 말할 수 있다.

"공부가 쉬웠어요." "공부, 그냥 하면 돼요."

습관은 제2의 천성이다

국립국어원 표준국어대사전에 의하면 '습관'이 다음과 같이 정의된다.

어떤 행위를 오랫동안 되풀이하는 과정에서 저절로 익혀진 행동 방식.

즉, 습관은 행동을 되풀이하는 것으로 형성된다. 자신에게 도움이 되는 행동을 되풀이하면 좋은 습관으로 자리 잡고, 컴퓨터게임이나 늦잠처럼 도움이 되지 않는 행동을 되풀이하면 나쁜 습관으로 자리 잡는다. 결국 어떤 습관을 만들지는 자신에게 달려 있다.

습관이란 단어의 기원을 들여다보자. 습관에서 '습(習, 익힐 습)'

은 태어나서 날지 못하는 새가 여러 날 동안 날개(羽)를 퍼덕여 나는 법을 익힌다는 뜻이다. 갓 태어나 털에 물기도 채 마르지 않은 아기 새는 엄마 새를 따라 백번은 연습해야 겨우 날기를 시작할 수 있다. 여기에 스스로(自→白) 여러 번 반복해서 몸으로 익혀야 한다. 그만큼 반복해서 체화(體化)시켜야 한다는 것이 '습'이다. '관(慣, 익숙할 관)'은 엽전을 꿰듯 몸과 마음을 꿴다는 뜻이다. 수백 번 익히고 몸과 마음에 새겨 자신의 천성으로 만드는 과정이 습관이다.

풍습, 습관의 그리스어 '에토스(ethos)'는 윤리를 뜻한다. 결국 그 사람이 얼마나 윤리적이고 인격적인가를 판가름해주는 것은 자신도 모르게 나오는 습관이고, 따라서 습관은 제2의 천성이라고 한다. 그렇기 때문에 습관은 자신의 재능을 더 빛나게도 해주지만, 나쁜 습관은 자신이 가진 것들을 잃게 만들기도 한다. 동서양을 막론하고 습관은 삶의 '방향'과 '결과'에 떼려야 뗄 수 없는 핵심이다.

우리의 머릿속에는 습관 신경이 존재한다. 어떤 습관에 지정된 신경 경로가 하나의 생각이나 외부 신호의 자극을 받으면 두뇌 속 경로를 따라 전하가 발생하고 습관화된 행동을 하고 싶은 충동이나 생각이 들게 된다.

예를 들어 어떤 사람이 잠자기 전 윗몸일으키기를 하는 습관이 있다면 그의 머릿속에는 그 행동과 연관된 신경 경로가 존재할 것이다. 그 사람이 잠들기 전 '윗몸일으키기 뉴런'이 작동하면 아무 생각 없이 바로 누워서 윗몸일으키기를 하게 된다. 습관이 몸에 배면 밸수록 관련 신경 경로는 점점 더 두꺼워지고 강해지기 때문이다.

나의 뇌 구조를 자신이 어떤 행동을 하느냐에 따라 만들 수 있다는 것이다. 다시 말해서 반복을 통해 스스로 원하는 신경 경로를 만들 수 있는 것이다. 내가 어떤 행동을 의도적으로 반복하면 뇌에서 그것에 상응하는 회로가 만들어지고 내 머리가 그렇게 디자인되는 것이다.

뇌는 끊임없이 습관을 만든다. 왜냐하면 그것이 뇌의 작동을 간소화시키기 때문이다. 우리가 프로그래밍할 때 함수를 만드는 이유는 궁극적으로 같은 작업을 반복하기 싫기 때문이다. 뇌 역시 우리의 감각장치로부터 끊임없이 쏟아지는 정보들을 처리하는 것이 힘들어서 그것을 함수화시켜놓은 것이다.

몸과 마음에 그리고 뇌의 구조에 어떤 공부 습관으로 꿰는 것이 좋을까? 어떤 습관을 가지면 공부 근육을 키울 수 있을까? 기본적으로 규칙적인 생활 습관을 가져야 한다. 하루에 집중하고 다시 지금 이 순간에 집중하며 그 순간의 목표를 작게 나누어 실천해나가자.

어려서부터 학교에 다녀온 후 정해진 시간에 책을 읽고 운동을 하고 저녁을 먹고 자는 아이들은 생활 자체가 규칙적이다. 그런 규칙성이 몸에 배면 학교생활에서도 정해놓은 규칙들을 숨 쉬듯 당연하게 해나간다. 공부 습관이 몸에 배지 않은 아이들은 학교에서 해야 하는 것들에 대해 자기식대로 해석하면서 "그것은 안 해도 돼"라고 말하는 경우가 많다. 누군가가 집요하게 지켜보거나 체크하지 않기 때문에 꼭 안 해도 된다는 마음을 본인도 모르게 갖는 것이다.

숙제를 반드시 해야 한다는 마음가짐도 습관에서 비롯된다. 학교가 끝나고 정해진 시간에 숙제하는 습관만 가져도 일의 효율성을 고려해 짧은 시간에 할 일들을 하는 원리를 터득하게 된다. 그렇게 되면 공부도 잘하면서 운동이나 다른 활동 등 여러 가지를 함께할 수 있는 능력이 자연스럽게 발달한다.

『좋은 기업을 넘어…위대한 기업으로』의 저자 짐 콜린스는 "한 번의 큰 성공보다 일관성 있는 작은 행동이 위대함을 결정한다"고 말했다. 작은 목표로 나누어 그것을 일관적으로 실천할 때 위대함을 낳고 기적을 낳는다.

이 원리를 공부에 적용시켜본다. 대학 입시에서 좋은 성적으로 원하는 학과에 가고 싶다면 아직은 멀리 있는 그 목표를 등대 불빛처럼 마음에 새길 필요가 있다. 하지만 지금 당장은 내 발 앞을 비추어줄 랜턴의 불빛이 필요하다. 그 불빛은 바로 지금 당장 할 수 있는 일에 집중하는 것이다.

예를 들어 학년 말 성적을 올리고 싶다면 한 학기에 두 번 보는 학교 시험을 잘 봐야 하고, 그 시험들을 잘 보려면 오늘 수업한 내용을 오늘 복습하는 것이 필요하다. 복습은 시간표를 꺼내서 각 교시에 들었던 교과서 내용과 필기 내용을 이해하고 익히면 된다. 이렇듯 큰 목표 아래 세부 목표로 내려가면서 가장 작게 나누어진 목표에 맞는 행동을 실천해나가자.

『습관의 재발견』을 쓴 스티븐 기즈는 책에서 '작은 습관 프로젝트'에 대해 말하고 있다. 이 작은 습관 전략은 아주 사소한 행위를 억지로라도 매일 하려고 노력하는 것을 기본으로 한다. 사소한 일은 실패하기조차 힘들다는 특성을 갖는다.

공부를 잘하고 싶은 마음만으로는 공부를 잘해나갈 수 없다. 일상의 습관에 집중하고 한 단계 실천해나가면서 자신만의 마음의 근육, 공부 근육을 키워야 한다. 그러다 보면 나도 언젠가는 말할 수 있다. "공부가 쉬웠어요." "공부, 그냥 하면 돼요."

공부 습관에 작용하는 관성의 법칙

중세 과학의 분기점은 뉴턴의 시대냐 아니냐에 따라 나뉜다. 그만큼 뉴턴은 당시 알려진 모든 천체역학을 수학적으로 유도하는 데 성공하였고, 그 후 뉴턴의 법칙들은 200년이 넘게 실험과 관측을 통해 입증되어왔다.

위대한 업적을 남긴 뉴턴을 있게 해준 것은 그의 연구노트다. 뉴턴은 어려서부터 아주 사소한 것까지 정리하는 습관이 있었다. 위대한 과학적 업적에 일상의 사소한 것도 매우 중요하게 작용했던 것이다.

예를 들어 뉴턴의 노트 습관은 우선 '달의 운동', '운동에 대하여'와 같이 큰 제목을 정하고 이를 다시 몇 개의 소제목으로 분류하여 각 제목 밑에 독서에서 얻은 내용들을 정리하는 식이었다.

뉴턴은 독서한 내용을 그저 요약하는 것에 머무르지 않았다. 읽은 내용을 요약하고 더 나아가 그것이 사실일 때 논리적으로 도출되는 결과들을 기록했으며, 실제 일어나는 자연현상과 비교해 맞는지 다른지를 확인했다. 또는 읽은 내용에서 논리적으로 도출되는 결과를 검증할 수 있는 실험 상황을 설정하기도 했다.

뉴턴의 노트 정리는 기존의 지식을 비판적으로 평가하고 있다. 읽은 내용에 대하여 비판을 하려면 우선 그 내용을 잘 이해해야 한다. 책을 읽을 때 각 장들이 어떤 관계로 연결되고 그것들이 주장하는 바가 무엇인지 철저히 이해해야 한다. 이와 같이 하기 위해서 그는 어떤 방법을 선택했을까?

당시 수학을 처음 하는 사람이라면 누구나 유클리드의 『기하학원론』이나 이것을 쉽게 풀어놓은 교과서식의 책을 보았다. 이에 비해 데카르트의 해석기하학은 당시로서는 최신 학문이었다. 뉴턴은 유클리드를 읽지 않고, 기하학에 대한 깊은 지식도 없이 바로 데카르트의 해석기하학으로 들어갔다.

그리고 처음부터 읽기 시작했다. 읽다 보면 어려운 부분이 나오고 그럼 처음부터 돌아가서 다시 읽는다. 막히는 부분을 염두에 두고 앞으로 돌아가서 읽다 보면 막힌 부분을 이해하게 되고 처음보다 좀 더 많이 나아갈 수 있었다. 그러다 막히면 또다시 처음부터 읽었다. 이렇게 앞으로 돌아가기를 반복하면서 책을 읽는 것은 많은 시간과 끈기가 필요하다. '앞으로 다시 돌아가 읽기'와 '비판적 읽기'는 상호 보완적인 효과가 있었다. 노트를 통해 읽은 내용을 요약하고 확장하는 비판적인 방법으로 자신의 이해도를 검증할 수 있다. 뉴턴은 자신을 "거인들의 어깨 위에 올라가 있었다"라고 표현하였는데, 이는 바로 기존 지식에 대한 철저한 이해가 있었다는 이야기다.

이렇게 꾸준히 연구한 뉴턴이 저서 『프린키피아』를 통해 뉴턴의 법칙들을 발표하였는데, 그중 제1법칙이 관성의 법칙이다. 관성(慣性)이란 어떤 물체가 자기 상태를 그대로 유지하려는 성질을 말한다. 즉 '외부에서 힘이 작용하지 않으면 운동하는 물체는 계속 그 상태로 운동하려고 하고 정지한 물체는 계속 정지해 있으려고 한다'는 것으로, 특별한 자극이나 동인(動因)이 없으면 현상을 유지하려 한다는 법칙이다.

이것을 우리 공부에도 적용해볼 수 있다. 예를 들어 자기 스스로를 멈춰 서 있는 '공'에 비유하여 학습에 대해서 구체적인 실천을 하지 않고 있다고 해보자. 뉴턴의 제1법칙에 따르면 '정지 관성에 의해 그 상태로 계속 정지해 있고 싶은 물체'다. 이 물체를 움직이려면 아주 적은 힘이라도 작용하여 스스로 움직이게 하는 것이 중요하다. 즉, 학습을 실천하기 위해서는 부담 없이 실천할 수 있는 아주 작은 목표로 일단 시작해보는 것에 비유할 수 있다.

물체가 일단 굴러가기 시작하면 좀 더 잘 굴러갈 수 있는 확률이 높아진다. 왜냐하면 '움직이는 물체는 외부의 힘이 가해지지 않는 한 같은 속도로 계속해서 움직이는 운동 관성'이 작용할 수 있기 때문이다.

공부도 마찬가지다. 학교에서 돌아와서 공부를 하겠다고 마음을 먹었는데 그 상태에서 더 이상 진전이 없는 경우가 많을 것이다. 이때 열심히 하겠다고 생각만 하면 정지 관성과 같이 실천하기가 점점 어려워질 수 있다. 책상에 앉아 있는 것만이라도 실천해보자. 그렇게 앉아 있다 보면 책가방에 손이 가고 책가방에서 오늘 수업 한 내용을 조금이라도 보게 된다. 도서관에 가서 공부를 해야 하는 경우도 마찬가지다. 대부분 도서관에 가면 새벽까지 공부하겠다고 다짐하는데 그럴 경우 막상 몸이 움직이지 않게 된다. 그냥 도서관에 잠깐 다녀온다는 마음으로 가보자. 몇 번 반복하다 보면 도서관에서 책을 펼치게 되고 조금이라도 공부하게 된다. 이미 움직여서 운동 관성이 적용되는 원리다.

집에서든 도서관이든 일단 책상에 앉는 작은 실천을 매일 해야 한다. 이것을 습관화시켜야 그다음 단계로 나아갈 수 있다. 이렇게 작은 것부터 부담 없이 시작하자. 마치 정지해 있는 공이나 물체를 살짝 건드려주면 움직이기 시작하고 그 후로는 멈추지 않고 계속 움직이게 되는 관성의 법칙처럼 자신의 행동을 맡겨보자.

일단 움직여봐야 어디까지 움직일 수 있는지 알 수 있다. 해봐야 무엇을 할 수 있는지 알 수 있다. 어떻게 공부하는 것이 자신에게 맞는지도 알 수 있다. 자신이 하고 싶은 일, 맞는 일을 찾아내기 위해 이리저리 움직이고 시도해보는 것은 누구에게나 꼭 필요한 과정이다.

뉴턴의 제1법칙에서는 처음 움직이게 하는 그 힘이 중요하다. 그 후부터는 힘이 작용하지 않고 계속 같은 속도로 굴러갈 수 있다. 이때 움직이는 물체에 계속 힘을 작용시키면 가속도가 붙는다. 뉴턴의 제2법칙인 가속도의 법칙이다.

공부 습관에도 당연히 가속도의 법칙이 적용된다. 공부를 시작하는 최초의 움직임을 실천한 다음에는 동기부여가 되고 자기 효능감도 높아져 공부에 가속도가 붙을 수 있다. 이때 계속 작용하는 힘으로 동기부여 외에도 의지력, 자신감, 성적의 향상 등이 함께하면 공부에 더욱 가속도가 붙게 된다.

이중에서 '의지력'을 가장 중요한 추진 동력으로 볼 수 있다. 스티븐 기즈는 『습관의 재발견』에서 동기보다는 의지력이 중요하다고 말한다. 가령 이번 기말고사에서 영어 성적이 잘 나와서 더욱 공부에 대한 동기가 높아졌다고 생각해보자. 하지만 어느 날 학교에 다녀와서 너무 피곤하거나 기분이 좋지 않으면 높아진 동기는 어느덧 사라지고 책상 앞에 앉아 있기도 쉽지 않다. 이때 일단 책상에 앉아보자는 의지력이 있다면 이야기가 달라진다. 그 의지력이야말로 작은 행동을 꾸준히 하게 만드는 원동력이다.

감정에 좌우되지 않는 의지력을 추진 동력으로 삼아 작은 행동부터 습관으로 만들어보자. 뉴턴의 제1법칙인 관성의 법칙을 넘어 제2법칙인 가속도의 법칙이 적용되는 자신을 발견할 수 있다. 처음엔 책상에 앉는 것부터 시작하여 10분이 30분이 되고 한 시간이 되다가 어느새 공부에 완전 몰입하는 자신을 만나게 될 것이다.

공부의 '핵심습관' 을 잡아라

중학교 2학년인 지원이는 성적이 오르지 않는다고 상담을 요청해왔다. 성적을 분석해보니 아니나 다를까 2학년이 되어서 많이 떨어졌다. 그런데 문제는 지원이 자신이 공부를 열심히 하고 있다고 생각하는 데 있다. 그 원인을 파악하는 것이 최우선의 일이다.

지원이가 어떤 점에서 열심히 한다고 생각하는지, 또 1학년과 2학년 때 어떤 점이 달라졌는지 꼼꼼하게 체크해보았다. 건강이나 가정환경, 공부하는 장소 등도 알아보았다. 지원이는 최근 하루 행동 반경과 일과를 이야기하는 중에 이렇게 말했다.

"평일에는 TV와 컴퓨터는 절대 하지 않아요."

그만큼 자신이 시간을 잘 관리하고 있다고 선생님에게 어필하는 것이다.

이때 뭔가 짐작되는 게 있어서 내가 물어보았다.

"너 핸드폰을 바꾸었니?"

"아~ 지난달에 엄마가 핸드폰을 바꾸어주었어요."

그렇게 이야기가 풀리면서 진짜 문제점이 드러난다. 지원이는 수시로 스마트폰으로 인터넷 정보를 알아본다고 한다. 이때 주의할 점은 지원이는 나름대로 공부에 대한 필요성을 알고 어느 정도 공부 습관이 잡혀 있는 학생이다. 그래서 스마트폰으로 게임을 하지 않는 것을 스스로 자랑스럽게 생각하고 있었다.

여기에 바로 허점이 있다. 지원이뿐만 아니라 많은 학생들이 이런 허점에 빠진다. 스마트폰으로 궁금한 것을 찾아보고 정보 수집하는 것을 조심해야 한다. 우리가 어떤 정보를 찾을 때 일정한 주제를 가지고 관련 자료를 찾는 것은 도움이 된다. 그러나 생활 속에서 작은 일상의 궁금증을 자신이 생각해보지 않고 곧바로 인터넷을 이용하는 것은 좋지 않다. 생각하는 힘, 즉 사고력을 키울 수 있는 기회를 갖지 못하게 되고 인터넷 서핑이 대부분 딴 길로 새기 때문이다. 단순한 호기심에 들어가서 이것저것 검색하다 보면 30분은 그냥 지나간다.

지원이 역시 스마트폰을 확인한 결과 인터넷 사용 시간이 늘었다. 물론 작정하고 인터넷 서핑을 한 것은 아니지만, 틈틈이 사용 시간들을 합쳐보니 한두 시간이 훨씬 넘어섰다. 공부를 잘하는 상위권 학생들은 매일 한두 시간 이상을 공부에 집중하느냐 하지 않느냐로 차이가 날 수 있다.

지원이의 성적이 떨어지게 된 '핵심습관(Keystone Habit)'은 스마트폰 때문이었고, 특히 인터넷을 사용하였다는 것에 있었다. 스마트폰으로 카카오톡을 하거나 인터넷 서핑을 안 하기로 단단히 약속을 했다. 지원이는 약속을 지켰고 그다음 시험에서 다시 상위권 성적을 회복할 수 있었다.

핵심습관은 습관 중에서 파급효과가 매우 강력하고, 상황에 따라서 매우 핵심적인 의미를 가지고 있다. 단 하나의 습관을 바꾸었을 뿐인데, 그것이 연쇄작용을 일으켜 다른 나쁜 습관을 없애거나 큰 어려움 없이 다른 좋은 습관을 만드는 것과 같다. 공부하고 나서 그 결과에 대한 이유를 파악해보면 핵심습관이 의외의 곳에 숨어 있는 경우가 많다. 그것이 연쇄반응을 일으켜서 그 습관이 바뀌면 다른 습관들도 덩달아 바뀌고 개조된다.

지원이와는 달리 상수는 공부하는 습관이 아직 형성되지 않아서 책상에 앉아 있는 것 자체를 어색해하는 학생이었다. 4~5시 정도에 학교에서 집에 돌아오면 일단 컴퓨터를 켜고 인터넷을 한다. 자신이 좋아하는 아이돌의 일과를 체크하고 연예 기사를 찾아본다. 저녁 식사 전까지 쉬어야 한다는 생각에 집으로 오자마자 인터넷을 하는 것이 습관이 되었다. 저녁을 먹으면서 TV를 보고, 이어서 식사 후까지 보게 된다. 저녁 8시는 되어서 숙제를 해볼까 생각하는데 공부 때문에 책상 앞에 앉기는 영 어색하고 싫다고 한다.

상수는 학교에서 돌아온 후 네 시간 정도의 시간을 흘려보냈다. 상수가 공부할 수 있도록 하는 핵심습관은 무엇일까? 학교에서 돌아오자마자 인터넷 하는 것을 얼마나 고치느냐에 달려 있다. 인터넷을 하지 않으면 공부하는 시간을 확보할 수 있고 공부 습관을 가지는 데도 도움이 된다.

이때 상수는 인터넷을 하기 위해서이긴 하지만 매일 책상에 앉기는 한다. 따라서 컴퓨터의 위치를 거실로 바꾸어보도록 조언했다. 그리고 하교 후 컴퓨터를 켜지 않는 것을 핵심습관으로 하도록 이야기했다. 일단 그렇게 하고 상수가 무엇을 해도 좋으니 책상에 앉아 있기만 하도록 조언했다.

그런 후에 3일 정도 지나서 상수를 다시 불러서 물어보았다. 첫날은 컴퓨터를 켜지 않으니 너무나 이상해서 그냥 앉아 있었다고 한다. 그다음 날은 그냥 앉아 있기가 심심해서 책상 정리를 했다고 한다. 책상 정리를 하고 나니 책가방에 있는 것을 꺼내서 정리하고 싶은 마음이 들어서 책가방 정리까지 했다고 한다.

이때 상수에게 컴퓨터만 당부했지, 공부까지 하라는 말은 일부러 하지 않았다. 목표를 작게 세우는 것이다. 만약 상수에게 공부까지 하라고 했으면 컴퓨터를 켜지 않는 약속까지 지키기 어려울 수 있다.

저마다 자신의 생활 패턴과 공부 방법이 다르기 때문에 공부의 핵심습관은 다를 수 있다. 어떤 것이 핵심습관인지를 잘 파악하여 그 핵심습관이 나쁜 것이라면 제거해보자. 그렇게 하면 하나의 습관을 바꾸었을 뿐인데, 그것이 연쇄작용을 일으켜 다른 좋은 공부 습관을 만들 수 있다. 책상에 앉자마자 인터넷을 하는 습관에서 그날 배운 내용을 책가방에서 꺼내는 습관으로 바뀌게 된 상수가 기특하다. 그리고 책가방에서 꺼낸 노트와 책으로 공부 시간을 늘려가고 성적이 올라서 기뻐하던 상수의 모습이 눈에 선하다.

하루의 습관이 미래를 만든다

학생들의 일과는 규칙적이다. 일정한 시간에 학교에 오면 짜인 시간표로 수업을 듣고 일정한 시간에 하교를 한다. 이런 이유로 초·중·고등학교 시절에 규칙적인 생활 습관을 몸에 배게 하는 것이 그나마 쉽다. 비슷한 시간에 하교하여 집으로 가서 그날 배운 것 그날 복습하는 습관까지 이어진다면 규칙적인 하루 일과를 유지할 수 있다.

오늘 자신이 무슨 일을 하고 있는지를 보면 자신의 미래를 볼 수 있다는 말이 있다. 이때 규칙적인 습관으로 하루를 보내는 것이 무엇보다 중요하다.

세계적인 작가인 헤밍웨이와 하루키는 공통적인 창작의 비밀이 있다. 『노르웨이의 숲』 등 꾸준히 베스트셀러 작가로 자리매김하고 있는 하루키와 헤밍웨이는 글쓰기 방법, 문학을 대하는 태도가 서로 닮았다. 두 사람 모두 삶에서 문장에서 리듬을 중요하게 생각했다. 문장의 리듬은 삶의 리듬에서 나온다고 믿었다. 그들이 말하는 창작의 비밀의 공통점은 "창의성은 내적 규율에서 나온다"는 것이다. 헤밍웨이와 하루키의 하루는 초등학생이 세운 생활계획표처럼 반듯하고 단순하다. 일정한 시간에 일어나 글을 쓰고 운동하고 책 읽고 음악을 듣는다.

대부분의 사람들은 작가들에 대해 선입관이 있다. 자유롭기 때문에 생활이 아주 불규칙할 것이라고 생각한다. 즉흥적으로 밥 먹고 술 마시고 책 읽다가 번개처럼 영감이 떠오르면 그때 비로소 글을 쓰고 작품이 된다고 여긴다. 실제 작가들의 삶을 들여다보면 전혀 그렇지 않다.

헤밍웨이는 매일 아침 일찍 일어나 정오까지 글을 쓰고, 오후에는 0.5마일 수영을 하고, 저녁에는 바에 가서 술을 마셨다. 하루키도 매일 새벽 5시에 일어나 10km를 뛰고 매일 일정한 시간 일정한 분량의 글을 썼다. 하루키는 다음과 같이 이야기한다.

"미국의 금주 단체 표어에 'One day at a time(하루씩 꾸준하게)' 이라는 말이 있는데 바로 그것입니다. 리듬이 흐트러지지 않게 다가오는 날들을 하루하루 꾸준히 끌어당겨 자꾸자꾸 뒤로 보내는 수밖에 없습니다. 그렇게 묵묵히 계속하다 보면 어느 순간 내 안에서

'뭔가'가 일어납니다. 당신은 그것을 참을성 있게 기다려야만 합니다. 하루는 어디까지나 하루입니다. 한꺼번에 몰아 이틀 사흘에 해치울 수는 없습니다."

규칙적인 습관으로 채워진 하루하루를 꾸준하게 모아보자. 하루를 점이라고 생각하고 그 점을 모아보자. 그렇게 모은 하루가 한 달이 되고 1년이 된다. 그러다 보면 중학교, 고등학교, 대학교의 긴 선이 연결되어 그 연결 선상에서 웃고 있는 자신의 모습을 볼 수 있다.

스티브 잡스는 2005년에 스탠퍼드대학 졸업 축사에서 모든 점(경험)은 미래와 연결된다는 연설을 했다. 잡스는 '점의 연결'을 설명하기 위해 자신의 청년기를 들려줬다. 대학을 중퇴하고 청강했던 서체 강의가 10년 뒤 아름다운 글자체를 가진 매킨토시 컴퓨터를 만드는 데 큰 도움이 되었다는 것이다. 중요한 것은 그 오래전의 행동이 그저 좋아서 한 것일 뿐, 나중에 자신에게 뭔가 기여할 것이라고는 생각도 안 해봤다는 것이다. 하지만 지금 이 순간에 최선을 다하면 미래에 커다란 원이 되어 자신을 둘러싸줄 수 있다는 메시지였다.

21세기 IT의 역사를 쓴 구글은 래리 페이지와 세르게이 브린에 의해 설립되었다. 그 시작의 발단은 대학원 학기 말에 내야 하는 래리 페이지의 논문 과제에 있었다. 페이지는 온라인 도서관의 검색 결과에 우선순위를 부여하려고 했는데, 그러기 위해서는 검색엔진에 의존할 수밖에 없었다. 당시는 검색 사이트가 급증하던 때로 30개가 넘는 검색엔진이 있었고, 야후와 알타비스타가 세계 최고의 자리를 놓고 다투던 중이었다. 엔진의 종류는 달랐지만 대개의 알고리즘은 특정 키워드가 웹페이지 내에 얼마나 많이 출현하느냐에 따라 순위를 결정했다.

하지만 페이지는 무질서하게 나오는 정보들 때문에 시간이 너무 오래 걸려 불편했다. 그때마다 수학을 잘한 브린이 도와주었다. 그러면서 자연스레 프로젝트에 깊숙이 관여하게 된다. 그러다 페이지가 "차라리 우리가 새로운 검색엔진을 만들어보면 어떨까?"라고 제안했고 브린이 동의했다. 지인들은 검색엔진이 이미 포화 상태라며 극구 말렸지만, 두 청년은 해보기로 했다.

페이지는 키워드 양을 기준으로 한 기존 검색엔진보다 웹사이트 간의 관계를 분석하는 방법이 더 좋은 검색 결과를 도출할 것이라는 가설을 세웠다. 그리고 백럽이라는 로봇 프로그램을 개발했다. 이것이 바로 구글의 전신이다.

새 검색 이론을 증명하려면 상당한 양의 컴퓨터가 필요했지만 두 사람에게는 돈이 없었다. 이들은 학교 실험실에 방치된 PC 부품을 얻어와 기숙사 방 안에서 하나씩 조립했다. 페이지의 방은 늘어난 컴퓨터와 각종 장비로 꽉 차 누울 공간조차 없었다. 결국 브린의 기숙사 방이 사무실 겸 개발실로 쓰였다.

브린과 페이지는 숙제를 잘해보겠다는 작은 목표에서 출발해, 작은 점들을 하나씩 찍어나갔다. 그 점들이 나중에 어떻게 이어질지는 당시에 예측할 수 없었으나 마침내 지구촌마저 연결시켰다. 오히려 미래에 대한 기대가 컸다면 그처럼 큰 프로젝트를 밀고 나가지 못했을 것이다. 그들은 단지 눈앞의 '점 하나'에 집중했을 뿐이다.

여러분은 오늘 하루 어떤 점에 집중하고 어떤 점을 찍고 있나? 그리고 그 점들이 모여서 어떤 선을 그리고 어떤 그림이 될지 상상해본 적이 있는가? 자신의 미래에 대한 그림을 그려보자. 오늘 그 그림을 위한 점 하나를 얼마나 정성스럽게 찍고 있는지 자신을 돌아보자.

그날 배운 것은 그날 복습하라

해마다 3월 2일 학생들과 처음 만나는 자리에서 칠판에 커다랗게 써놓는 말이 있다.

"지금 잠을 자면 꿈을 꾸지만 지금 공부하면 꿈을 이룬다."

지금 이 순간에 집중하고 자신의 꿈을 생각하자는 의미이다. 아이들은 처음 만나는 담임 선생님의 말에 집중한다. 그럼 이제는 좀 더 세부적이고 실천적인 말을 할 때다.

"오늘 해야 할 일의 마지노선은 오늘이다."

그리고 1년 동안 지켜야 할 몇 가지 원칙을 말해준다. 첫날부터 너무 많은 것을 이야기하면 아이들의 뇌리에 깊이 박히기 어렵다. 따라서 중요한 몇 가지 원칙을 부담스럽지 않으면서도 또 너무 가볍지 않게 이야기해준다. 이때 특히 강조하는 원칙 하나가 있다.

"그날 배운 것 그날 복습하기!"

목표는 일상과 연결되어야 하기 때문이다.

작가이자 기업가인 세스 고딘(Seth Godin)은 어떠한 일을 할 때 현실을 직시하여 목표를 설정하고 그것을 평가해야 한다고 말한다. 현실과 목표가 한 쌍을 이루어 조화롭게 가고 있는지 혹은 잘못된 방향으로 가고 있는지 중간중간 평가를 해야 한다. 이런 원리를 적용해볼 수 있는 게 그날 배운 것 그날 복습하는 것이다. 즉, 오늘의 일상을 바로 목표로 설정하고 실행에 옮겨서 그것이 잘 실천되었는지 해당 내용에 대한 테스트를 통해서 확인할 수 있다.

예를 들어보자. 국어 과목을 자기 나름대로 자습서나 문제집을 정해서 한 권을 마스터한다는 계획을 세웠다고 하자. 학교에서 배우는 진도와 상관없이 자신이 정한 대로 하루에 조금씩 공부하는 경우를 생각해보자. 자기 혼자서 공부하다 보면 학교에서 배우는 내용과 연계되기 어렵고 그 과정에서 동기부여가 약해질 수도 있다. 게다가 모르는 것이 있을 때 쉽게 질문을 해소하기도 어렵다. 그러다 보니 완전히 자신의 것으로 소화되지 않아서, 결국 동기부여가 사라지고 중단할 확률이 매우 높다.

반면 학교에서 국어 선생님과 수업을 한 내용이 있다고 하자. 학교에서의 일상이 바로 학생들의 현실이다. 수업 내용을 집중해서 듣고 그날 배운 내용을 완전히 자기 것으로 소화한 뒤 그 내용에 해당되는 기본 문제를 풀어보자. 이런 과정이 현실을 인식하고 그 안에서 목표를 찾아가는 첫걸음이다. 이때 반드시 관련 문제를 풀어보는 것이 중요하다. 자신은 이해했다고 해도 실제로 얼마나 이해했는지 확인해봐야 하기 때문이다. 또한 문제를 통해서 새로운 내용을 보충해 더 잘 이해할 수도 있다. 이렇게 그날 배운 것 그날 복습하는 목표를 현실에서 실천해나가면 하루 단위로 점검해보고, 중간중간 수시로 점검과 평가가 이뤄질 수 있다.

지윤이도 그날 배운 것 그날 복습하기를 잘 지키는 아이였다. 이를 토대로 하루 공부 목표를 정했다. 고3 때 어느 날 지윤이가 부탁을 했다.

"엄마, 원으로 된 하루 일과표 형식으로 되어 있는 포스트잇이 있는데 그것 좀 구해주세요."

동그란 모양으로 24개의 눈금이 그려져 있는 포스트잇이었다. 입시 준비로 정신없는 아이를 대신해 문구점 이곳저곳을 돌아다녀 구해주었다.

지윤이는 이 포스트잇으로 특히 주말이면 하루 계획표를 입체적으로 세웠다. 일단 다이어리에 계획을 세우고 그 계획대로 그날의 공부를 하면서 원 모양의 일과표에 공부한 만큼 써본다. 하루 중에 한 시간, 두 시간 공부해나가는 작은 성취들을 그때 그때 원 계획표에 그리면서 공부의 재미를 느꼈다. 이렇게 하면 한눈에 하루의

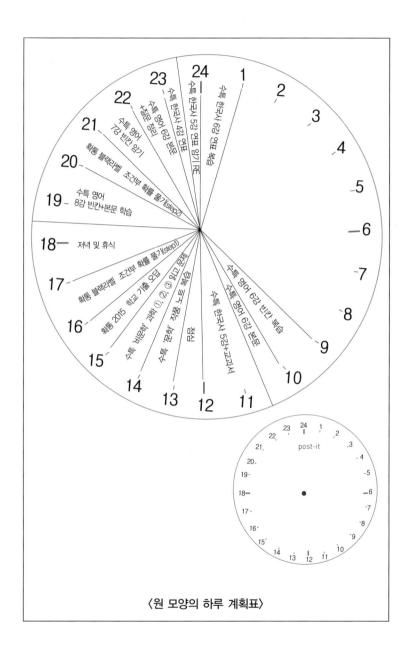

〈원 모양의 하루 계획표〉

목표와 그 목표에 맞는 계획들이 보인다.

둥근 원 모양이기 때문에 하루 시간을 어떻게 썼는지 알아볼 수가 있어 좋다. 이렇게 일상에서 하나씩 목표를 달성해가고 이룬 것을 어릴 때부터 익숙한 원 계획표에 써보면 성취감과 내적 동기가 생겨 공부가 더 즐거워진다.

하루의 공부 목표는 그날의 일상과 연결하여 그 일상을 마무리한다는 생각으로 세우자. 학생의 일상은 공부이기에, 그날 학교에서의 수업 내용을 완전히 자기 것으로 만든다는 목표를 세우자. '그날 배운 것 그날 복습하는 것'은 학생으로서 현실과 목표를 조화롭게 이루어가는 아주 좋은 습관이다.

'언제까지' 하지 말고 '여기까지' 하라

학생의 본분은 공부이고 성적으로 평가되다 보니, 공부에 대해서 친구들과 경쟁관계인 것은 어쩔 수가 없다. 따라서 그 상황을 받아들이고 선의의 경쟁을 할 수 있도록 자신의 마음을 다스려야 한다. 지나치게 성적을 의식해 친구를 '경쟁상대'로만 여기다 보면 친구관계는 틀어지고 외톨이가 되기 쉽다. 공부도 친구관계도 균형을 이룰 수 있도록 여유와 지혜가 필요하다.

선희는 중학교 2학년에 진급했을 때 성적이 반에서 5등이었는데 중간고사를 보고 나서는 15등으로 떨어졌다. 상담을 통해 선희의 문제점이 뭔지 함께 찾아보았다. 교사는 학생들과 상담을 수시로 하는 것이 좋다. 특히 시험이 끝나면 성적이 오르거나 떨어진 학생들이 나오는데, 그 이유를 알아보면 가정이나 학교에서 어떤 스트레스를 겪는지 알 수가 있다.

선희는 학교에 등교하면 친구들이 전날 몇 시까지 공부했는지 굉장히 궁금하다고 한다. 그래서 자기는 몇 시까지 공부했는데 너희는 어떠냐고 친구들에게 자주 물었다. 이때 친구들에게 자신의 공부 시간은 사실대로 말하지 않았다고 한다. 만약 새벽 1시까지 공부했다면 밤 10시에 잤다고 하면서 친구들의 시간을 알아본다는 것이다. 그렇게 이야기하면서 자신보다 공부를 많이 한 친구들이 있는 날은 불안하고 우울하다고 했다.

이때 아이에게 그냥 괜찮다고 말하는 것은 도움이 되지 않는다. 나는 선희에게 그 마음을 충분히 이해한다고 했다. 누구나 그럴 수 있고 선생님도 어렸을 때 그런 적이 있다고 말해주었다. 그러면 아이는 공감을 받기 때문에 마음이 많이 풀어지고 위로를 느낀다.

그다음 단계는 문제점을 알고 해결책까지 함께 찾으면 된다. 선희에게 친구들이 전날 몇 시까지 공부했는지를 알면 좋은 것이 무엇이고 나쁜 점이 무엇인지 묻는다. 좋은 점은 다른 아이들이 어느 정도 공부했는지 파악이 되고, 나쁜 점은 마음이 불안해진다고 했다. 그런데 친구들이 말해준 공부 시간이 정확할까에 대해 물어보니 선희는 대답을 잘 못한다. 왜냐하면 자기도 공부 시간을 정확하게 이야기하지 않았기 때문이다.

"아이 참, 나 어제 너무 일찍 잤어. 망했어~"

실제로 공부를 많이 했는데도 이렇게 안 한 것처럼 이야기하는 친구들이 많다. 이런 사실을 잘 알기에 선희의 마음이 불안해진 것이다. 이야기를 계속하다 보니 선희는 친구들에게 공부 시간을 묻는 게 자신에게 별 도움이 되지 않는다는 것을 깨달았다.

선희는 어느새 자신이 먼저 말한다.

"선생님, 아침에 학교에 오면 친구들에게 그런 이야기를 할 필요가 없는 것 같아요."

이렇게 우리는 자신의 문제에 대한 해답을 스스로 가지고 있다.

그런데 난 선희 같은 아이들에게 꼭 해주고 싶은 말이 있다. 공부 시간에 너무 연연해하지 말라는 것이다. 물론 공부를 많이 하면 좋지만, 공부 시간보다는 공부 내용이 중요하기 때문이다. 친구가 몇 시간을 했으니 난 더 몇 시간을 해야겠다는 식으로 무리할 필요는 없다는 것이다. 가능한 한 공부 시간보다 공부량에 중점을 두는 것이 좋다. 즉, '언제까지'가 아니라 '여기까지'에 맞춰 공부하기를 조언한다.

예를 들어 우리가 생물 과목의 호르몬에 대해 공부한다고 가정하자. 호르몬의 이름을 외워야 하고, 호르몬이 분비되는 위치를 알아야 한다. 그리고 어떤 역할을 하는지 피드백 관계도 알아야 한다. 그렇다면 어떻게 공부하는 것이 효과적일까? 앞서 말한 세 가지 파트를 다시 잘게 나눈다. 그리고 시간을 정해 그 범위 내에서 호르몬의 이름을 가능하면 빨리 외우고 남은 시간은 쉬자는 생각으로 공부해보자. 즉 대략 한 시간 정도로 범위를 둘 때, 호르몬 이름을 집중해서 빨리 외우고 남은 시간이 20분 정도라면 그 시간은 쉬는 시간으로 자신에게 상을 주자는 것이다. 만약 자신이 한 시간 동안 호르몬의 이름을 외워야 한다고 생각하면 한 시간을 꼬박 이름 외우는 데만 허비할 수 있다. 그러나 '언제까지'가 아니라 '여기까지' 해야 한다고 공부의 초점을 바꾸면, 집중력이 좋아져 빨리 끝낼 수 있고, 쉬는 시간까지 확보할 수 있다.

공부를 빨리 끝내고 쉬는 시간이 주어졌을 때는 간단하게 놀 수 있는 방법이 좋다. 좋아하는 짧은 동영상을 보거나 노래를 듣거나 예능 프로를 볼 수도 있다. 인터넷에 편집된 동영상들은 3분 내외의 것들이 있으니 간단하게 볼 수 있다. 아니면 거실로 나와서 가족들과 잠시 수다를 떨어도 된다. 이때 쉰다고 한 시간 분량의 TV 프로그램을 시청하면 공부한 시간보다 노는 시간이 더 많아지므로 공부하는 페이스를 잃어버릴 수 있다. 쉬는 시간은 10~20분 정도로, 자신이 공부 분량을 끝내고 남은 시간을 이용한다. 그리고 이어서 다시 잘게 나눈 분량만큼 공부하고 쉬는 방법을 반복한다. 이렇게 하다 보면 공부의 탄력성을 잃지 않으면서 재미있게 할 수 있다.

단 여기에서 조심해야 할 점은 빨리 끝내고 쉬고 싶은 마음에 공부의 양을 너무 적게 잡거나 대충 끝낼 수 있다는 것이다. 그래서 반드시 확인이 필요하다. 정해진 분량을 하고 나면 그것에 맞는 내용으로 문제집을 풀거나, 그 내용을 연습장에 책을 덮은 채로 얼마나 쓸 수 있는지, 또는 그림과 같은 형식인 마인드맵으로 표현할 수 있는지 테스트를 거쳐야 한다.

공부란 본인이 이해했다고 생각만 하는 단계에서 다음 진도로 넘어가면 확실히 알지 못하고 가는 것일 수 있다. 이렇게 하다 보면 나중에 다시 자신이 공부한 부분을 확인할 때 공부가 제대로 되어 있지 않아서 당황하게 된다. 그때 다시 공부를 해야 한다면 해야 할 공부의 양이 많아져서 의욕이 사라질 수 있다.

공부는 기본적으로 작게 나누고, 그 나누어진 분량을 습득하고 그다음 단계로 나가는 것이 좋다. 학생들은 어쩌면 하루 종일 공부를 해야 한다. 하지만 힘들고 능률이 오르지 않을 수도 있다. 따라서 시간을 늘려서 공부하는 것으로 자신에게 만족감만 주고 있지는 않은지 공부하는 단계별로 체크해야 한다. 새벽 1시까지 공부했다는 것에 만족하지 말고 '여기까지'에 집중해서 공부하고 쉬거나 취침하는 시간을 가지는 것이 좋다. 이렇게 하는 것이 공부 능률을 올리고 체력도 보호해준다.

나만의 공부 습관 매뉴얼을 만들어라

전자제품을 사면 사용 매뉴얼이 있고 약도 복용 설명서가 있다. 이처럼 매뉴얼은 주로 새로운 어떤 것을 사용할 때 참조하라고 기능, 방법 등을 구체적으로 문서화한 것이다.

매뉴얼로 만드는 것이 효과적인 경우를 살펴보자. 흔히 "이거 하려면 어떻게 해야 하나요?"라고 물어봐야 하는 상황은 매뉴얼을 사용하면 좋다. 새로운 일을 시작할 때나 어떻게 할지 방향을 잡지 못할 때 참고하면 효율적이다.

공부도 마찬가지다. 대부분의 사람들은 공부 매뉴얼을 알고 있다고 착각한다. 그러나 공부를 못하는 이유는 공부를 안 해서이기도 하지만, 무작정 시작해서이기도 하다. 공부는 인생에서 결코 짧지 않은 기간에 해야 하는 일이고, 웬만한 뚝심 없이는 안 되며, 무엇보다 수많은 시행착오를 거듭해야 하는 것이다.

원준이는 공부를 잘하고 싶은 마음이 크지만 방법을 몰라서 힘들어하는 학생이었다. 내가 학기 초에 강조한 '그날 배운 것 그날 복습하기'를 그대로 실천하고자 노력하는 아이였다. 한 달 정도가 지난 4월 초쯤에 원준이가 찾아와서 이야기했다.

"선생님이 말씀하신 대로 해보았는데 머리에 남는 것이 없어요. 무엇보다 집에 가서 책상에 앉아 있기조차 안 돼요. 전 공부해도 안 되는 것 같아요."

이때 원준이의 노력을 칭찬하고 힘들어하는 부분에 대해 공감해준다. 그런 다음에 좀 더 구체적이고 실천 가능한 방법을 알려준다. 이때 필요한 것이 공부 습관 매뉴얼이다. 말로 설명하는 것보다 적으면서 이야기해주면 더 잘 이해한다.

선생님이 미리 준비한 빈칸으로 된 공부 습관 매뉴얼 양식을 꺼내 놓고 하나하나 설명하며 학생과 함께 의논하여 채워간다. 먼저 원준이의 동선을 파악하여 그것에 맞게 계획을 세워가는 것이 중요하다. 학교가 끝난 후 집으로 가는지 곧바로 학원에 가는지 파악한다. 이때 학교와 집, 학원 간에 이용하는 교통수단과 걸리는 시간도 체크한다.

예를 들어 원준이가 학교가 끝난 후 곧바로 집에 간다고 하자. 도착 시간이 4시라고 한다면, 매뉴얼에 "오후 4시"라고 쓴다. 그리고 집에 가면 어느 정도 쉬고 싶은지를 물어본다. 대부분의 아이들은 30분에서 한 시간 정도로 이야기하는데, 가급적 잠깐 쉬고 곧바로 그날 배운 것을 복습하는 것이 좋다. 꼭 해야 할 일을 미루면 그만큼 하지 않을 확률도 커지기 때문이다. 의논하여 쉬는 시간을 30분 정도로 정하고 "4시 30분에 책상에 앉기"라고 쓰도록 한다. 그다음 무엇을 할지 물어보고 "책가방을 열어서 그날 배운 책들을 꺼내기"라고 쓴다. 그리고 순서대로 계속 써나가게 한다.

"시간표를 꺼내거나 학기 초에 말한 '습관행동체크 달력' 양식을 준비한다."

"그날의 시간표 중에서 가장 먼저 하고 싶은 과목을 정한다."

"그 과목의 교과서와 필기 또는 프린트물을 꺼낸다."

보통 선생님들은 교과서와 함께 요약 내용을 필기해주거나 프린트물이나 파워포인트 자료를 나누어주고 설명을 하는 경우가 많다. 따라서 교과서 내용을 꼼꼼히 읽어보고, 그 내용이 필기나 프린트에 어떻게 요약되었는지 살펴본다. 또한 교과서에 없는 보충 내용을 선생님이 설명한 것이 있는지 확인한다.

이와 같이 단계별로 설명해주면서 함께 의논하여 구체적인 계획은 학생 스스로 정하도록 하고, 너무 현실적이지 않은 것은 잡아주면서 본인이 매뉴얼 양식에 직접 적게 한다. 이처럼 학생이 직접 쉬는 시간이며 과목 순서 등을 결정하여 작성하는 것은 큰 의미를 지닌다. 다른 사람이 대신 쓴 공부 매뉴얼과는 비교할 수 없는 것이다.

원준이는 이렇게 작성한 공부 습관 매뉴얼을 책상 앞에 붙여놓고 그대로 실천해보겠다고 약속했다.

'나는 안 돼'라고 생각하는 아이들은 동기나 목표가 없고 아무것도 하지 않으려는 무기력 상태에 빠져 있다. '학습된 무기력 이론 (Learned Helplessness theory)'은 이런 아이들의 심리를 설명하고 있다. 왜 이런 상태에 빠지게 되었을까? 공부를 못하는 상황이 반복되면 나중에는 공부를 못할까 봐 안 하게 된다. 자신의 힘으로 한계를 뛰어넘을 수 없다고 생각하는 것이다. 꼴찌를 경험하거나 늘 하위권 혹은 중위권에서 성적이 변동 없거나 영어와 수학 같은 과목의 기초가 전혀 없거나 라이벌에게 늘 밀리기만 하는 등 학습된 무기력의 원인은 다양하다. 단시간에 해결할 수 없는 문제다 보니 아예 공부할 엄두를 못 내며, 공부를 괴로운 것으로 인식한다.

이런 학생들은 단순히 동기나 목표를 아직 세우지 않았다는 뜻이 아니라, 동기나 목표를 세울 만한 능력 자체가 안 되는 경우가 많다. 이럴 때는 주변에서 동기나 목표를 세우도록 도와주는 것이 필요하다. 이때 최대한 세밀한 단계로 나누어서 하게 한다. 성취할 수 있는 단계로 작게 나누고 그대로 따라 하도록 한다.

반면에 공부 습관이 잡혀 있는 학생들의 경우 성적을 유지하거나 더 올리고 싶은데 안 되거나 상대적으로 성적이 떨어질 때가 있다. 이때도 자신에게 맞는 공부 습관 매뉴얼이 필요하다. 학생과 맞춤 상담을 해보면 성적의 변화가 있을 때는 반드시 어떤 원인이 있다. 그 원인을 파악하고 해결책을 매뉴얼로 작성해보자.

스마트폰 때문에 시간을 낭비하고 있다면, 스마트폰을 가급적 분리시키는 것이 해결책이다. 집에 와서 공부를 시작할 때 스마트폰을 가족에게 맡기고 그날 잠자리에 들 때 받거나, 다음 날 아침 학교에 갈 때 받아서 등교할 수 있다. 또는 인터넷 접속에 잠금 기능을 설치하거나 일정 시간이 되면 저절로 차단되게 설정해놓는 방법도 있다. 이런 내용을 매뉴얼 양식에 적고 수시로 체크하면서 그 매뉴얼대로 따라 해보도록 한다.

또는 친구 사이에 문제가 생겼다면, 담임 선생님이 자연스럽게 짝을 바꾸어주거나, 좀 더 잘 지낼 수 있는 학생과 함께하도록 매칭해줄 수도 있다.

이와 같이 공부 습관 매뉴얼은 자신만의 공부량이나 공부 시간, 순서, 수준, 방법 등을 글씨로 써서 문서화해놓는 것에 그 의미가 있다. 생각으로만 맴도는 목표를 구체적으로 쓰고 보면서 여러 감각을 통해 스스로가 더욱 확실하게 인지할 수 있기 때문이다. 그래야 의식적이든 무의식적이든 자신의 결심이나 공부해나가는 과정을 확인하고 다질 수 있다.

내 눈앞에 있는 계단을 정성스럽게 하나씩 오르는 마음으로 자신만의 매뉴얼대로 하루를 지내자. 그런 순간들이 모여서 본인이 원하는 커다란 목표에 이를 수 있을 것이다.

공부 달인이 되는 습관 5단계

1단계: 작은 단위 습관을 계획하라

학교에서 중간고사나 기말고사가 끝나면 아이들은 비장한 표정으로 말한다.

"선생님, 저 다음 시험은 정말 잘 볼 거예요."

이 말은 의욕만 있는 말이다.

"선생님, 저 앞으로 시험공부 열심히 할 거예요."

이 말은 좀 더 구체적인 계획이 있다고 할 수 있다. 시험을 잘 보기 위해 공부를 열심히 해야 한다는 것을 알고 있다는 말이기 때문이다. 그래도 더 구체적인 방법이 필요하다.

그래서 권하는 것이 '오늘 수업 시간에 배운 것 오늘 집에 가서 공부하기'이다. 그것을 더 세분화하여 수업 시간에 배운 내용을 교과서와 프린트물로 완전히 익히고 기본 문제 푸는 것까지로 목표를 정한다. 작게 자세히 나눌수록 실천하고 싶은 마음이 크다.

작은 습관이란 자신이 갖고 싶은 새로운 습관의 최소 버전이라고 할 수 있다. 예를 들어 '한 달 동안 밀린 내용 완전히 끝내기'를 목표로 삼는다면 '오늘 하루 배운 내용만 일단 마치기'로 최소화할 수 있다. '항상 긍정적으로 살기'는 '하루에 한 번 긍정적인 생각하기'로 최소화하고 구체화하면 된다. 이렇게 작은 단위로 실천해가면 작은 습관 시스템이 형성되고 이것이 모여 큰 단위 습관으로 발전할 수 있다.

2단계: 습관 신호를 정하라

습관 신호란 습관으로 만들고 싶은 어떤 행동을 하는 계기가 되는 것을 말한다. 만약 시간을 기반으로 한다면, '오후 3시'라는 시간에 습관으로 정착시킬 행동을 규칙적으로 한다. 행동을 기반으로 한다면, '저녁을 먹은 후' 또는 '학원에 갔다 와서 하겠다' 식으로 정한다.

스티븐 기즈는 작은 습관은 신호 없이도 효과를 거둘 수 있기 때문에 '하루 중 언제나 한 번만'으로 정해두어도 된다고 한다. 그러나 우리 학생들은 '학교에서 돌아오자마자' '수업이 끝나자마자 잠깐 동안'과 같이 행동을 기반으로 하는 것이 좋고, 그날 중에 실천하고 미루지 않는 것이 좋다. 물론 이렇게 행동을 기반으로 해도 학생들의 특성상 일정한 시간을 기반으로 하는 셈이 된다.

3단계: 보상계획을 정하라

흔히 아이들은 부모님에게 이번 중간고사 성적이 반에서 10등 안에 들면 어떤 것을 해줄 수 있는지 묻곤 한다. 학교에서도 담임들이 여러 가지 보상계획을 세워 시험 기간에 면학 분위기를 조성하고 학생들에게 동기부여를 유발한다. 반 성적이 어느 정도 이상이면 피자를 쏘거나, 개인별로 성적이 오르면 칭찬이나 게시를 통해서 공개적으로 인정해주는데 이것들이 다 보상계획이라고 할 수 있다. 아무래도 학생들 입장에서는 부모님이나 학교 선생님들의 보상이 주어지면 학습 의욕이 높아진다.

그런데 자신에게 스스로 상을 주는 방식도 매우 중요한 보상계획이 될 수 있다. 예를 들어 학교 시간표를 한 달 달력에 매일 한 칸씩 붙여놓고 책상 앞에 놓아둔다. 이것을 '습관행동체크 달력'이라고 하자. 달력에서 오늘에 해당하는 시간표에 1교시 국어, 2교시 수학, 3교시 과학, 4교시 사회 순으로 수업이 있다면, 그날 배운 국어를 복습하고 1교시에 해당하는 칸을 'x'나 또는 '─'로 지운다. 이렇게 1교시, 2교시 순으로 공부하면서 지울 수도 있고 순서는 본인이 정하면 된다. 하루 공부가 끝나면 그날 시간표에 모두 'x'로 지워져 있는 것을 보는 것 자체가 자신에게 주는 달콤한 보상이 될 수 있다. 하루하루가 쌓여서 일주일, 한 달 동안이 모두 'x' 표시가 되어 있는 것을 상상해보자. 조금이라도 빨리 그 표시를 하기 위해서 공부하고 싶어지는 자신의 모습을 보게 될 것이다.

3월 (　　　　　　　　　　　　　)의 시작을 기대합니다

월		화		수		목		금		토	일
1	1 국어B 2 운건 3 실영B 4 한국사 5 수학 6 기가 7	2	1 진로 2 운건 3 음악B 4 실영B 5 사회 6 일사 7 수학1	3	1 수학1 2 지학 3 검도 4 화학 5 과학교양 6 실영A 7 가정	4	1 사회 2 국어B 3 수학1 4 한국사 5 국어A 6 음악A 7 실영B	5	1 국어A 2 기술 3 한국사 4 생명 5 음악A 6 HR 7 CA	6	7
8	1 국어B 2 운건 3 실영B 4 한국사 5 수학 6 기가 7	9	1 진로 2 운건 3 음악B 4 실영B 5 사회 6 일사 7 수학1	10	1 수학1 2 지학 3 검도 4 화학 5 과학교양 6 실영A 7 가정	11	1 사회 2 국어B 3 수학1 4 한국사 5 국어A 6 음악A 7 실영B	12	1 국어A 2 기술 3 한국사 4 생명 5 음악A 6 HR 7 CA	13	14
15	1 국어B 2 운건 3 실영B 4 한국사 5 수학 6 기가 7	16	1 진로 2 운건 3 음악B 4 실영B 5 사회 6 일사 7 수학1	17	1 수학1 2 지학 3 검도 4 화학 5 과학교양 6 실영A 7 가정	18	1 사회 2 국어B 3 수학1 4 한국사 5 국어A 6 음악A 7 실영B	19	1 국어A 2 기술 3 한국사 4 생명 5 음악A 6 HR 7 CA	20	21
22	1 국어B 2 운건 3 실영B 4 한국사 5 수학 6 기가 7	23	1 진로 2 운건 3 음악B 4 실영B 5 사회 6 일사 7 수학1	24	1 수학1 2 지학 3 검도 4 화학 5 과학교양 6 실영A 7 가정	25	1 사회 2 국어B 3 수학1 4 한국사 5 국어A 6 음악A 7 실영B	26	1 국어A 2 기술 3 한국사 4 생명 5 음악A 6 HR 7 CA	27	28
29	1 국어B 2 운건 3 실영B 4 한국사 5 수학 6 기가 7	30	1 진로 2 운건 3 음악B 4 실영B 5 사회 6 일사 7 수학1								

〈습관행동체크 달력〉

4단계: 목표를 가시화하라

자신의 목표가 있다면 그 생각을 종이에 적어서 눈에 잘 띄는 곳에 붙여놓는다. 사람은 하기 싫거나 힘들고 불편한 부분이 있을 때 무의식적으로 피하고 싶은 마음이 든다. 이때 자신이 설정한 목표를 방문이나 책상 앞에 크게 붙여놓고 수시로 보면 자신도 모르게 하기 싫어지는 마음을 다잡을 수 있다. 그리고 어느새 오늘의 목표를 달성하고 '습관행동체크 달력'에 '×'를 빠짐없이 그리게 될 것이다.

목표와 마찬가지로 결과도 가시화하면 좋다. 자신의 다이어리나 벽에 걸려 있는 달력에 주요 습관별로 색깔이나 칸을 달리해 구별하고 그것에 맞는 표시를 하는 것이다. "오늘 작은 습관을 실천했나?"라고 스스로 물어보면서 체크를 한다. 이렇게 종이에 적고 눈에 보이게 하여 꾸준히 진행하면서 체크해나가는 것은 성공에 반드시 필요한 과정이다. 손으로 적고 눈으로 확인하는 것이야말로 습관 형성에 구체적인 전략 중 하나이다.

5단계: 높아지는 기대를 버려라

지현이는 중간고사 후 상담을 통해 기말고사 때 성적을 많이 올리겠다고 포부를 밝혔다. 그래서 하루에 구체적으로 공부할 양과 복습의 범위를 알려주었다. 학교에서 배운 정규 수업 내용을 복습하는 데 약 두 시간 정도면 충분하다.

지현이는 약속대로 '습관행동체크 달력'을 만들어서 그날그날의 복습을 잘 해나갔다. 그런 지현이가 일주일 정도 후에 다시 상담을 요청해왔다. 일주일 동안 해보니 잘된다면서 내가 조언한 그날의 복습과 기본 개념 문제 풀기에 더하여 심화 문제까지 더 풀고 싶다고 했다.

이때 아이가 열심히 한다는 의욕을 보인다고 해서 무조건 오케이를 하는 것은 조심해야 한다. 일주일의 시간은 아직 완전한 습관으로 정착되었다고 보기 어렵다. 일주일 정도 꾸준히 했다면 15일, 30일, 45일씩 끊어서 목표를 정하고 그때까지 지속적으로 한다. 그리고 중간 점검 후에 다시 지속하여 일정하게 반복해야 습관으로 자리잡는다.

지현이처럼 일주일 정도 하고 목표를 높이면 자칫 모든 게 허물어질 수 있다. 심화 문제까지 풀지 못했을 때 그날의 계획을 실패했다고 느낄 수 있다. 절대로 죄책감이나 실패자가 된 것 같은 기분을 느껴서는 안 된다. 의욕이 앞서서 목표를 높이려 한다면 일관성 있게 그 일을 할 수 있는지 잘 살펴보아야 한다.

목표를 초과 달성한다면 어떨까? 물론 좋은 일이다. 설령 초과 달성하지 못해도 역시 좋은 일이다. 우리에게는 모든 진척이 소중하다. 너무 큰 목표를 보고 부담스러워 실행하지 못하는 것보다 작게 한 걸음씩 나가는 것이 중요하다.

4장

단박에
성적을 올리는
10분 몰입 공부

책상에 오래 앉아 있는다고,
엉덩이가 가볍다고 당장 공부가 어떻게 되는 것이 아니다.
짧은 시간이라도 얼마나 몰입하느냐에 따라
공부의 결과는 달라진다.

짧게 여러 번 반복하라

딸 지윤이는 공부하는 것을 즐기는 아이다. 중·고등학생 때도 열심히 했고, 새내기 대학생이 되어서도 여전하다. 지윤이에게 공부 비결을 물었더니, 계획을 자세히 세우고 그것을 지워나가는 방법으로 공부한다고 한다. 공부 스케줄과 과목별, 항목별 진도 상황 등을 체크하는 방법이다.

예를 들어 영어를 '필기정리' '빈칸 뚫기' '단어' '문법'으로 항목을 나눈다. 그리고 한 번 볼 때마다 표시를 하는데 '正(정)' 자를 그리면서 얼마큼 반복했는지를 체크한다고 한다. '正' 자를 그릴 때 한 번 체크할 때마다 그 옆에 연필로 날짜를 써놓는다. 그렇게 하면 공부한 시기를 알 수 있고 오랜 시간이 경과하기 전에 다시 한 번 반복할 수 있다. 이때 연필로 쓰는 이유는 한 번 체크하고 다시 두 번째 체크하면서 계속 최신으로 업그레이드되기 때문이다.

고등학교 2학년까지는 항목별로 가능한 한 많이 반복하려고 했는데 3학년이 되어서 공부할 양이 너무 많아지자 각 항목당 '正'자를 한 번 그리는 것을 목표로 했다. 이렇게 항목별로 나누어서 공부하면 어느 한쪽에 치우치지 않게 된다.

만약 영어 과목을 공부하는데 단어, 문법 등 여러 가지 항목을 한꺼번에 놓고 처음부터 꼼꼼하게 한 번만 본다고 생각해보자. 다른 한편으로는 단어, 문법 등 각각의 항목을 나누어 단어는 단어대로 문법은 문법대로 여러 번 반복하면서 표시해보자. 어떤 것이 효율적일지는 한 번이라도 해보면 알 수 있다.

영어

〔수능특강〕	본문필기	빈칸암기	단어	문법
1강	正下 4/22	正下 4/22	下 4/24	下 4/25
2강	正下 4/22	正下 4/22	下 4/24	下 4/25
3강	正下 4/22	正下 4/22	下 4/24	下 4/25
4강	正下 4/23	正下 4/21	下 4/24	下 4/25
5강	正丁 4/23	正丁 4/21	下 4/24	下 4/25
6강	正丁 4/23	正丁 4/21	下 4/24	下 4/25

〈항목별 '正'자를 그리며 체크하기〉

1981년 프랑스 심리학자 블룸(Kristine Bloom)과 슈엘(Thomas Shuell)은 학생들을 두 그룹으로 나누어 단어 20개를 외우게 했다.

첫 번째 그룹에는 이렇게 말했다.

"딱 한 번의 기회입니다. 30분간 열심히 암기해보세요."

그리고 두 번째 그룹에는 다음과 같이 지시했다.

"3일간 하루 10분씩의 시간을 드릴게요. 열심히 암기해보세요."

실험이 끝난 직후 실시한 시험 성적은 두 그룹 간에 별 차이가 없었다. 그래서 4일 후 또 한 차례의 시험을 치르도록 했는데 이번에는 결과가 달랐다. 3일에 걸쳐 나눠 암기한 학생들은 15개를 기억한 반면, 30분간 집중하여 한 번에 암기한 학생들은 겨우 11개만 기억해냈다.

여러 학생들을 만나다 보면 암기를 유독 잘하는 학생과 그렇지 못한 학생이 있다. 이 차이를 아이큐의 차이로 생각할 수도 있겠지만 이것은 습관 혹은 방법의 차이이다. 머리가 좋은 영재원 출신의 민우는 암기를 정말 못했다. 공부를 하는데 이해하고 적용하는 능력에 비해 암기력이 부족해 실제 시험에서 좋은 성적을 받으려면 수많은 반복 학습을 해야 했다. 반면 상대적으로 머리가 좋아 보이지 않았던 학생이 암기를 훨씬 잘하는 경우가 있다. 그 학생은 자신만의 암기 노하우를 개발하고 이를 활용했는데, 여러 번 반복이 도움이 되었다고 한다.

중·고등학교와 대학에서 진행되는 교육의 상당 부분이 암기를 통해 이루어진다. 암기는 청소년기의 필수 코스라고 할 수 있다. 암기 훈련만으로 구구단이나 문법 그리고 어려운 철자를 외울 수 있다. 영어나 외국어 공부에 암기 훈련이 즉효라는 건 말할 필요가 없다. 추론 능력을 키우는 게 주목적인 기하학조차 피타고라스의 정리, 유클리드 호제법을 외우지 않으면 진도를 나갈 수 없다. 암기 훈련으로 문제의 공격에도 한 방에 나가떨어지지 않는 방어력을 키울 수 있으며 풍부한 생각거리를 찾을 수 있다. 그래서 암기는 "논리의 어머니"라는 말이 있다. 일단 인풋(Input)이 되어야 아웃풋(Output)이 가능해지는 원리와 같다. 따라서 필요한 지식을 제대로 암기하는 최고의 방법을 안다는 것은 공부의 왕도를 터득한 것이나 다름이 없다. 암기를 할 때 중요한 것이 바로 반복이다.

어려운 단어를 외운다고 하자. 연습장에 열 번씩 연달아 쓰는 것보다 아침에 두 번 읽고 점심때 두 번, 다음 날 저녁때 두 번, 3일 정도 후에 두 번, 10일 후에 두 번을 하는 편이 낫다. 이렇게 짧게 반복하는 기간을 점점 벌려가면 기억이 좀 더 정확해지고 오래간다. 한 번에 연달아 반복하면 흥미와 집중력이 떨어져서 결과적으로 효과도 희미해진다.

2016년 리우데자네이루 올림픽에서 '올림픽 3연패'라는 새로운 역사를 쓴 진종오 선수는 '사격 황제'라는 별칭이 잘 어울린다. 그는 교통사고 후유증으로 어깨 기능이 좋지 않았는데, 사격 경기에서 예선, 본선, 결선까지 잇따라 60발을 쏴야 한다는 것이 무척이나 힘든 자기와의 싸움이었다. 그러나 그는 60발을 이어서 생각하지 않았다고 한다. 60발을 쏜다고 생각하면 부실한 어깨가 먼저 걱정되기 때문이다. 그래서 한 발이 처음이자 끝이고, 또 한 발이 처음이자 끝이라 생각했다. 그렇게 하나하나 작게 잘라서 그 순간에 집중하면서 60발을 쐈고 금메달을 목에 걸 수 있었다.

목표는 크게 잡되 실천은 짧게 잘라서 반복하면서 나아가 보자. 여러분도 공부의 금메달을 딸 수 있을 것이다.

5분 복습, 5분 예습

교사라는 직업은 한 인격이 형성되어가는 시기의 아이들을 상대하는 일이므로 저마다의 감정과 생각 등을 더 세심하고 소중하게 다루어야 한다. 내가 하는 수많은 행동과 말 중에서 어떤 것은 학생들에게 예기치 않은 자극이나 감동을 주기도 하고, 나도 모르는 사이에 상처를 주기도 한다.

중학교 때 제자였던 우림이가 Y대에 합격했다며 찾아왔다. 중학 2학년 꼬맹이가 벌써 대학생이 되어 찾아오니 어찌 반갑고 대견하지 않으랴. 게다가 이런 말까지 한다.

"선생님께서 항상 말씀하신 공부 방법으로 고등학교를 좋은 성적으로 갈 수 있었고, 그 후에도 열심히 공부할 수 있었어요."

그러면 난 순식간에 기쁨, 보람, 뿌듯함 등이 밀려오며 감동을 받는다.

"아니야~ 오히려 내가 고맙다!"

교사들은 어쩌면 이런 순간의 약발(?)로 목이 터져라 학생들과 씨름하며 지내는지도 모른다. 우림이가 말한 그 공부 방법이란 내가 새 학기 초에 강조한 "그날 배운 것 그날 복습하기"와 "우리 조 모두 향상되기"이다. 특별하진 않지만 이 방법이야말로 내가 생각하는 최고의 공부 비결이다. 진리는 항상 단순하고 우리가 이미 알고 있는 것 속에 있다.

사실 "예습과 복습을 철저히 하라"는 말은 학생들로서는 너무 많이 들어서 지겨운 말이 되었다. 중요한 것을 누가 모르느냐는 것이다. 따라서 아이들에게 최대한 구체적이고 실천할 수 있는 방법을 알려주고 공유하는 것이 필요하다. 내가 알려주는 복습 방법은 다음과 같다.

방과 후 집으로 돌아가면 책상에 앉아서 그날 시간표를 보고 수업한 과목을 차례대로 꺼낸다.

내 전공과목인 과학의 경우를 보자. 수업에 사용한 교과서와 프린트물을 동시에 펼쳐놓고 설명들이 이해가 되는지 살펴본다. 선생님과 같이 푼 연습 문제들을 다시 보고 그 내용을 확실히 이해하는지 확인하고, 그 내용을 완전히 자기 것으로 만드는 것이다.

이때쯤 나는 학생들에게 질문한다.

"이렇게 하는 데 시간이 얼마나 걸릴까?"

"약 10~15분 정도 걸릴 것 같아요."

참으로 신기하게도 학생들은 내가 생각하는 것과 비슷한 대답을 한다. 정말 그 정도 걸린다.

그 후 배운 내용에 관하여 새로운 문제집을 혼자 푼다. 문제집의 종류에 따라 다르지만 한 시간 동안 학교에서 배운 내용과 관련해 보통 한두 쪽 분량이고, 10분 정도면 풀 수 있다. 이렇게 해서 총 20~25분의 시간이면 그날 배운 내용을 완전히 자기 것으로 만들 수 있다. 과학 외에 다른 과목도 이런 방법으로 한다면 대략 두 시간 정도 걸릴 것으로 예상된다. 평균 여섯 시간의 정규 수업에 예체능 과목을 제외하면 한 과목을 복습하는 시간은 약 25분으로 넉넉하게 잡은 것이다.

이렇게 하다 보면 어떤 내용은 이해가 되지 않을 수도 있다. 이런 때는 매체를 이용해도 좋다. 예를 들어 생물의 생식(生殖)에 관해서 전반적인 내용은 이해되지만, 체세포 분열과 생식세포 분열의 차이를 확실히 알고 싶다면 해당 부분의 EBS 방송을 보라고 권한다. 자신의 부족한 부분만 골라서 몇 번이고 되풀이해 볼 수 있어 적극 활용하면 좋다. 출연진은 이미 검증을 거친 선생님들이고 게다가 무료이다.

매일 이렇게 한다면 시험 기간이 되어 공부할 때 이미 대부분의 내용을 알고 있고 문제집도 풀어놓은 상태가 된다. 그렇다면 문제집에서 틀렸던 문제나 자신이 어렵다고 표시한 내용만 다시 보고 총정리 문제로 정리하면 최고의 스트레스인 시험공부도 그리 어렵지만은 않다. 공부란 것이 자신이 감당할 수 없을 정도로 쌓여 있으면 포기하고 싶지만, 정복 가능한 고지가 눈앞에 보이면 누가 시키지 않아도 노력하게 된다.

학습 방법에서 복습의 중요성은 모두 알고 있지만 실천하기란 그리 쉽지 않다. 19세기 독일의 심리학자 헤르만 에빙하우스는 인간의 기억력이 학습이 끝난 뒤 경과한 시간과 반비례한다는 연구 결과를 발표했다. 학습한 뒤에 한 시간이 지나면 배운 것의 50%, 하루가 지나면 70%, 그리고 한 달 뒤엔 약 80%를 잊어버린다는 것이다. 그러므로 수업이 끝난 뒤 학생들이 빠른 시간 안에 복습하면 할수록 오래 잘 기억한다는 뜻이 된다. 곧 그때그때 복습하는 것이 중요하다는 것을 알 수 있다.

특히 수업 직후 쉬는 시간을 이용하여 방금 배운 내용을 한 번 훑어보는 것은 더욱 중요하다. 중학교 45분, 고등학교 50분 동안의 수업 내용을 훑어보는 데에 3분에서 5분 정도면 충분하다. 이 과정에서 이해되지 않은 부분은 살짝 메모로 표시해두고, 시간 날 때 선생님이나 주변 친구에게 질문해서 해결하도록 한다.

그렇다면 예습은 어떻게 하는 것이 효과적일까?

예습이란 학습할 부분에 대해 미리 조사, 관찰하여 문제의식을 가지고 학습 준비를 갖추는 과정이다. 이것은 선행학습과는 구별된다. 수업 종이 치면 대부분의 선생님들은 교무실에서 출발한다. 이때 선생님이 교실까지 오는 데 3~5분 정도 걸린다고 하면 이 시간을 이용하는 것이다.

먼저 교과서 앞쪽의 전체 단원이 나온 목차 페이지를 펴고 지금 배울 곳이 전체에서 어디에 해당하는지를 머릿속에 그려본다. 그리고 배울 내용의 페이지를 열어 나오는 각 제목과 사진, 그림, 그래프 등을 살펴본다. 시간이 되면 명칭이나 설명도 읽어본다. 완전히 이해되지 않아도 괜찮다. 일단 보고 그것에 대해서 문제의식, 즉 궁금증을 갖고 수업에 임하면 아무 생각 없이 수업을 듣는 것과 많은 차이를 느낄 수 있다. 이것이 5분 예습의 방법이다.

5분 복습과 예습은 지금 내가 하고 있는 일, 지금 이 순간의 현실과 연결된다는 점에서 매우 중요하다. 학교의 수업 진도와 내가 개별적으로 공부하는 내용이 따로 나간다면 쉽게 지칠 수 있다.

반면에 학교 수업 내용을 내 공부에 맞춰 연결시키면 그 결과를 바로 확인할 수 있다. 학교의 수업 진도가 곧 중간고사와 기말고사로 연결되고 내신 성적이 산출되며, 그 내용이 생활기록부에 기재되기 때문이다. 그렇게 공부하면 자연스럽게 피드백이 되면서 공부를 재미있게 할 수 있다. 예습과 복습이 그 시작이 될 수 있다.

10분씩 7번 반복하라

사교육이 극성이다. 교육부·통계청이 발표한 2016학년도 우리나라 사교육비 규모는 국민 1인당 월평균 25만 6,000원이라고 한다. 하지만 이는 현실적이지 못한 수치라고 학부모들의 빈축을 사고 있다. 사교육비가 '25만 6,000원만 돼도 행복하겠다'는 것이다. 한편 서울시교육청에 따르면 자녀 한 명을 영어·수학 학원에 보낼 경우 월평균 47만 4,000원(2015년 기준)에 이른다고 한다. 현실적으로 더 웃도는 경우도 있지만 이 정도 공식 통계 자료에서 어느 정도는 수긍할 수 있다.

내가 중학교에 입학할 때는 전두환 정권의 과외 전면 금지가 막 시행될 때여서 딱 하나 다녔던 피아노학원도 그만두었다. 그리고 결국 과외 하나 없이 자기주도학습을 실천하며 중학교를 마쳤다.

중학교 1학년 때 나는 전교 1,000명 중에서 100등 정도를 했다. 그러다가 2학년과 3학년 때 전교 5등 내를 계속 유지했는데, 그 비법이 바로 짧게 여러 번 반복하여 공부하는 것이었다. 나 역시도 그 방법이 통했던 것이다. 그때 나는 일곱 번 반복하는 식으로 복습을 했는데, 학생들에게도 이 방법을 권해주고 싶다.

영어나 한문 수업 시간을 예로 들어보자. 첫 번째 복습은, 수업 시간을 이용한다. 선생님이 수업을 하실 때는 학생들이 여러 번 반복해서 복창(復唱)하도록 하고 칠판에 써주신다. 이때 나는 이 시간에 새로 배우는 내용을 모두 외우고 수업을 끝내겠다는 생각으로 수업에 임했다. 그렇게 마음먹으면 저절로 집중력이 높아진다. 이때 그냥 듣는 것이 아니라 책상 위에 연습장을 두고 선생님이 따라 하도록 하는 내용을 마음속으로 반복하면서 몇 초의 시간 차이를 두고 연습장에 반복해서 쓴다. 이렇게 바로 배운 내용을 첫 번째로 복습을 했다.

두 번째 복습은, 수업 후 쉬는 시간에 한다. 수업이 끝나면 쉬는 시간에 곧바로 일어나지 않는다. 3분에서 5분 정도를 할애해 배운 수업 내용을 다시 외워서 써보고 나머지 5분 정도를 쉰다.

세 번째 복습은, 역시나 그날 집에 가서 다시 보는 것이다. 당일 학교 시간표를 꺼내서 평균 다섯 과목 정도의 수업량을 복습하면

148

된다. 먼저, 수업 시간에 배운 교과서와 필기 내용을 정독하고 외울 것들은 써보거나 소리 내서 암기한다. 이렇게 하는 데 한 과목당 10분이면 충분하다. 그리고 그 내용을 내가 잘 알고 있는지 해당 문제를 풀어본다. 이렇게 다섯 차시 분량의 과목을 복습하는 데 100분 정도라면 총 한 시간 반에서 두 시간 정도 걸린다.

네 번째 복습은, 주말에 다시 보는 것이다. 일주일에 보통 한 번에서 세 번 정도까지 과목이 배정되어 있으므로 한 번 배정된 과목은 주중에 했던 내용을 그대로 다시 확인하면 된다. 약 세 시간 정도 배정되어 있는 국영수의 경우에도 주중에 보았던 내용을 모아서 다시 확인하고 문제집에 틀린 문제가 있으면 다시 풀어보고 확인하는 과정을 거친다.

다섯 번째 복습은, 한 달치 배운 내용을 다시 확인하면서 총 복습한다.

여섯 번째 복습은, 시험 기간 초기에 배운 내용을 이어서 죽 복습하고 연결고리를 만들어본다. 그리고 마지막 일곱 번째는, 시험 바로 전날에 마치 시험을 보는 것처럼 복습해보는 것이다.

이렇게 총 일곱 번의 반복을 하면 수업 내용의 완벽한 이해는 물론, 학교 시험에서 좋은 성적을 거두는 데 부족함이 없다.

물론 다섯 번째냐 일곱 번째냐 하는 것은 그리 중요하지 않을 수 있다. 자신의 일정에 무리가 되지 않게 하는 것이 좋다. 하지만 최소한 다섯 번은 되풀이하여 보도록 하자. 심리학에서는 '간격효과'라고 해서 복습의 횟수가 늘어날수록, 시간이 경과될수록 복습 시간이 줄어들고 학습된 내용이 머릿속에 오래 남겨진다는 연구 결과가 있다.

이렇게 한 차시의 학습량을 공부하는 데 약 20분에서 5분 정도로 잡을 수 있다. 그리고 여러 번 반복하면 같은 분량을 복습하는 데 걸리는 시간이 오히려 줄어든다. 이런 방법으로 공부하다가 특정 부분이나 특정 과목에 도움이 필요하면 그때는 사교육을 필요한 만큼 받으면 된다.

자신이 불안하거나 남들이 모두 다니니까 사교육을 받는지 한 번 되돌아보자. 그런 경우 학교에서 새로운 내용을 배우는데, 그 내용을 복습하고 소화할 시간이 없이 학원에 가서 새로운 내용으로 선행학습을 한다. 학원에서는 학교보다 대체로 숙제를 많이 내준다. 아무래도 사교육 특성상 그럴 수밖에 없다. 학원 숙제를 하느라 시간에 쫓기고 학교에서 배운 내용을 다시 익힐 시간이 없다. 악순환이 반복된다.

그런데 학교 시험 문제는 학교 수업을 지도하신 선생님이 출제하기 때문에 이런 방식의 공부 방법으로는 좋은 성적을 유지하기가 힘들다.

2019학년도 대학 입시 전형에서 학교생활기록부를 기반으로 하는 수시 인원이 76.2%를 차지한다고 발표되면서 사교육이 더 늘어나고 있다. 앞으로 수시 비율은 증가하면 증가했지 당분간 감소하지는 않을 전망이다. 따라서 학교 성적의 중요성이 더욱 부각되고 있다.

아이들은 학교에서 지내는 시간이 절대적으로 길다. 아침 8시에 등교하여 오후 4시 정도까지 하루에 총 여덟 시간을 학교에 있는 것이다. 학교에서 배우는 내용을 완전히 자기 것으로 소화하지 못하고 수업을 받게 되면 수업 시간이 지루해질 수밖에 없다.

또한 선행학습으로 미리 공부한 학생이 있다고 하자. 그 학생은 이미 자기가 알고 있다는 생각에 학교 수업 시간에 딴 생각을 하기 쉽다. 집중이 잘 안 되는 상태로 하루 대부분을 보내고 다시 학원을 다니면서 마음의 위안을 받는 구조가 되풀이될 수 있다.

자신이 어떤 유형으로 공부하고 있는지 되돌아볼 필요가 있다.

우리는 더 이상 엄청난 사교육비를 지불하지 않아도 된다. 10분이 채 안 되는 시간을 여러 번 반복해서 공부하면 우수한 성적을 얻을 수 있다. 이런 일상의 반복과 작은 즐거움이 쌓여서 중학교, 고등학교를 보내고 자신이 원하는 진로를 결정하게 되는 모습을 상상해보자.

스톱워치로 시간을 관리하라

　새로운 습관을 들이는 데 걸리는 시간은 사람마다, 상황마다 다르다. 성형외과 의사 맥스웰 몰츠는 습관이 굳어지는 데 21일이 걸린다는 가설을 처음 내놓은 사람으로 추정된다. 몰츠 박사는 손이나 발이 절단된 환자가 신체 부위를 잃었다는 사실에 익숙해지는 데 약 21일이 걸린다는 사실을 발견했다. 그래서 그는 사람들이 중요한 변화에 적응하는 데 걸리는 시간이 21일이라고 주장했다. 하지만 이 기간이 습관을 들이는 데 합리적인 시간이라고 단정 지을 수는 없다.

　습관이 형성되는 데 걸리는 시간을 다룬 연구들 중 가장 널리 알려진 것으로 2009년 『유럽 사회심리학 저널(European Journal of

Social Psychology)』에 실린 논문이 있다. 이 논문에서 실험에 참가한 사람들은 총 12주 동안 '먹기, 마시기, 혹은 특정한 행동을 선택해서 매일 같은 조건(예를 들면 '아침 식사 후')하에 실시' 했다. 연구자들은 어떤 결과를 얻었을까? 어떤 행동이 습관이 되기까지 걸린 시간은 평균 66일이었다. 이 수치는 어디까지나 평균이라는 의미이다. 실제적인 결과는 18일부터 254일까지 사람들마다 커다란 편차를 보였다. 이 결과는 습관 같은 행동 자동화에 이르기까지 걸리는 시간이 사람에 따라 매우 큰 차이가 있으며, 어떤 경우에는 매우 오랜 시간이 걸리기도 한다는 사실을 보여준다.

『66일 공부법』을 쓴 공신닷컴의 강성태 씨는 공부 습관에 66일이 필요하다고 말한다. 물론 66일, 즉 두 달 동안 거의 매일 특정 행동을 반복한다면 습관이 형성되는 데 매우 긍정적인 효과가 있을 것이다. 하지만 이렇게 66일의 시간조차 잘게 쪼개서 해나가야 효과가 있다.

1972년 크루그만(Krugman)에 의해 정리된 광고의 반복이론에서 새로운 브랜드를 광고할 때 처음 1, 2회의 노출은 효과가 없지만 최소 3회 노출되면 효과가 나타나기 시작한다고 한다. 세 번 정도 반복해야 우리 뇌가 효과적으로 기억할 수 있다는 것이다.

기억하거나 습관이 되기 위해서는 최소 세 번을 반복하고 3일만 견디면 된다는 마음으로 시작할 필요가 있다. 작심삼일(作心三日)이면 무엇이든 이룰 수 있다는 긍정적인 생각이 필요하다. 작심삼일은 보통 쉽게 포기하는 경우에 많이 사용하는 표현인데, 정확한 출처를 찾을 수가 없고 한자문화권에서도 우리나라에서만 사용되고 있다. 따라서 작심삼일을 긍정적인 의미로 사용하자. '작심해서 사흘도 못 간다'가 아니라 '작심하고 사흘만 견디면 이뤄낼 수 있다'고 보자.

학생들이 자신의 공부 습관을 형성할 때 일단 세 번까지, 3일 동안은 해보는 것을 권한다. 처음부터 66일을 생각하면 두 달이란 시간이 크게 느껴지고 우리의 뇌는 힘들어할 수 있다. 일단 3일을 해보고 3일이 무사히 지나가면 7일로 연장한다. 이런 방법으로 10일, 15일, 30일, 45일을 기준으로 삼아 계속 해나간다. 이렇게 날짜를 나누다 보면 66일이라는 시간이 그리 길거나 지루하지 않고 실패 확률도 훨씬 낮아질 수 있다.

심지어 초 단위로 시간을 작게 나눌 수도 있다. 이런 경우엔 문제 풀이 연습을 하는 데 아주 유용하다.

과학에서 생물 과목의 가계도 분석 문제는 시간 싸움이다. 예를 들어 3대의 두 집안의 가계도를 그려놓고 유전병이 두 개 정도와 그것에 혈액형까지 복합적으로 어떻게 유전되는지를 찾아내야 한다. 수능에서 과학탐구 영역은 두 가지 과학 과목을 선택해서 보는데 한 과목당 30분이 주어진다. 총 20문제를 30분 내에 풀어내야 하면 한 문제당 1분 정도가 걸린다. 그런데 앞서 말한 생물의 복합

가계도 문제는 보통 중상위권 학생이 푸는 데 10분 정도는 족히 걸린다. 10분 이상 걸리는 경우도 많다.

이런 문제는 스톱워치를 이용하여 시간을 재면서 최소 세 번 이상 풀어보는 것이 좋다. 어려운 문제를 간신히 한 번만 풀고 완전히 이해하지 못하면 나중에 똑같은 문제가 주어져도 제대로 풀지 못하게 된다. 문제를 많이 푸는 것도 중요하지만 기본적인 원리와 내용을 완전히 자기 것으로 만든 다음에 문제의 패턴을 파악하면서 연습하는 것이 효과적이다.

복합가계도 문제를 그냥 열심히 푸는 것과 시간을 재서 10분, 5분, 3분 정도로 줄이면서 자신의 것으로 만드는 것 중에서 어떤 게 더 효율적인지는 실제로 해보면 확실히 알 수 있다.

이런 방법을 확대해보자. 사실 모든 시험이 일종의 시간 싸움이다. 주어진 시간 안에 얼마나 많은 정보를 정확하게 처리하는지를 측정하는 것이다. 이때 집중력이 절대적으로 필요하다. 문제를 보고 있다고 해서 그것에 100% 집중하기가 쉽지 않다. 따라서 시험 전에 문제풀이 연습 때 집중하여 풀지 못하면 아예 풀지 않는 것이 더 낫다. 집중하지 못하는 것 자체가 습관이 될 수 있기 때문이다.

그렇다면 집중력을 높이는 방법은 무엇일까? 스톱워치를 이용해보자. 중·고등학교 시험에서도 20~30문제 정도에 45분이나 50분 동안 문제를 풀고 있다. 길게 잡으면 2분, 최소한 1분 정도 내에서 푸는 것이 좋다. 한 문제당 1분 정도로 기준을 잡아놓으면 문제를 모두 풀고 검토할 시간도 여유가 있으니 좋다.

일단 10분의 시간을 정해놓고 일정한 양의 문제를 풀어본다. 10문제 정도로 정해보는 것이 좋겠다. 또한 난이도가 높은 문제라면 한 문제당 걸리는 시간이 얼마인지 재보고 문제 옆에 그 시간을 적어놓는다. 3분 2초가 나왔다면 3분이라고 쓰지 말고 초 단위까지 정확히 적는다. 같은 문제를 반복해서 풀고 그 시간이 얼마큼 단축되는지 체크하면서 문제를 자기 것으로 만들어 나가보자.

그리고 모의고사와 같이 정해진 세트는 처음 풀 때 어느 정도의 시간이 걸리는지 실전처럼 풀면서 측정해보자. 단기간에 많은 문제를 풀 수 있을 뿐만 아니라 집중력도 훨씬 좋아질 것이다. 실전처럼 풀다 보면 지문을 꼼꼼하게 읽지 않을 수도 있고 문제를 완전히 정독하지 않을 수 있다. 채점을 한 후에는 반드시 꼼꼼하게 다시 풀어보면서 문제를 100% 이해하는 과정도 필수다.

공부할 때 집중력 있게 시간을 보내는 것이 무엇보다 중요하다. 자리에 오래 앉아만 있는다고 도움이 되는 것이 아니다. 시험을 볼 때도 마찬가지다. 아무리 많은 정보를 안다 해도 정해진 시간 내에 못 푼다면 모두 헛수고이다. 자신의 시간을 관리하라. 작심삼일을 넘기는 시간 관리부터 스톱워치를 이용하여 초 단위까지 관리하면 집중력과 시험 보는 연습의 두 마리 토끼를 모두 잡을 수 있다.

잠자기 전 10분을 활용하라

지윤이는 고2가 되면서 자신에게 맞는 수면 시간을 알아보기 위해 이리저리 시도를 했다. 11시에 자고 5시에 일어났을 때와 12시에 자고 6시에 일어났을 때의 컨디션을 비교해보았다. 또한 여섯 시간 잘 때와 다섯 시간 30분을 잘 때의 컨디션도 비교해보았다. 같은 시간이라도 좀 더 자신에게 맞는 리듬이 있고, 30분 차이로도 컨디션이 달라질 수 있기 때문이다.

"엄마, 난 아무래도 여섯 시간은 자야겠어."

지윤이가 결론 내린 수면 시간이다.

수면 시간을 조절하는 것은 수험생들에게 매우 중요하다. 하루에 30분이 아쉬운 수험생들에게 매일 여섯 시간을 자는 것과 일곱 시간을 자는 것은 큰 차이가 있다.

미국 시카고대 앨런 레치섀픈 박사는 턴테이블에 실험쥐를 올려놓고 쥐가 잠들려 할 때마다 회전시키는 실험을 했다. 잠자지 못한 쥐는 3주 만에 죽었다. 먹이나 물이 없었을 때보다 불과 3일을 더 살았을 뿐이다. 잠자지 못한 쥐는 체온과 면역력이 떨어져 평소 쉽게 물리쳤던 세균에 감염돼 죽었다. 음식이나 물 못지않게 잠이 생명 유지에 중요하다는 뜻이다.

또한 잠이 부족하면 고통을 더욱 심하게 느낀다. 수면이 방해를 받으면 우리 몸이 통증을 견디는 능력이 떨어져 요통이나 위경련 같은 통증을 더 많이 느낀다고 한다. 존스 홉킨스대 연구팀은 32명의 건강한 여성을 두 그룹으로 나눠 3일 동안 푹 잔 그룹과 도중에 여러 번 깨워 숙면을 방해한 그룹을 비교했다. 숙면을 취하지 못한 그룹이 숙면을 취한 그룹보다 통증에 더 예민하게 반응했다. 몸의 치유와 휴식은 편안한 잠자리에서 이뤄진다는 것을 알 수 있다.

이런 이유로 수험생들이 갖가지 스트레스성 질병들을 갖고 지내는 듯하다.

잠을 충분히 자면 좋겠지만, 학생들 여건상 그게 쉽지가 않다. 따라서 자신에게 맞는 사이클을 찾고 수면 시간을 조절할 수 있도록 노력해야 할 것이다.

그런데 여기서 더 나아가 잠자기 전 10분을 활용하면 미래가 달라진다.

두뇌 재활 분야의 세계적인 권위자 이안 로버트슨은 책 『승자의 뇌』에서 두뇌는 상상으로 하는 것과 실제로 하는 것을 구분하지 못한다는 이론을 내놓았다. 그에 따르면 오감을 이용해 어떤 일을 하고 있는 모습을 몇 분간 상상하는 것만으로도 두뇌의 화학적인 조성은 변한다. 뇌는 세포와 세포의 연결망을 새롭게 구성해 복잡한 운동 능력이나 언어적인 기술까지 창조해낸다. 충분한 연습이 뒤따르면 새로운 패턴이 만들어진다는 것이다. 연구에 따르면 실제 피아노 연습을 매일 두 시간씩 한 사람과 그냥 상상만으로 연습한 사람의 두뇌 활동 증가율이 비슷했다고 한다.

이와 같은 방식으로 마음속 리허설을 함으로써 어려운 일에 먼저 도전할 수 있다. 즉, 새로 시작하는 일에 대한 두려움을 없애고 첫발부터 떼는 전략이다. 그 첫발은 상상만으로 할 수 있기 때문에 매우 가벼우면서도 실질적으로 필요한 기술을 어느 정도 습득할 수 있어서 상당한 무게감을 갖는다.

이런 훈련을 잠자기 전 10분 동안에 해보라는 것이다. 왜 하필 잠자기 전일까? 2004년 독일 뤼백대학의 본 박사가 이끄는 연구팀은 과학 전문 잡지 『네이처』에 매우 흥미로운 연구 결과를 발표했다. 낮 시간에 공부하거나 긍정적인 생각을 했던 내용들이 잠을 자는 동안 새로운 기억들로 정리되고 각인되면서 과거에 기억했던 많은 지식과 만나게 된다. 이 상호작용에 의해 생각지도 못한 '번득임'

같은 결과들이 나올 수 있다. 일본인 최초로 노벨상을 수상한 물리학자 유카와 히데키도 잠을 자는 동안에 '중간자이론'의 골격을 생각해냈다고 한다.

자신이 여유 있는 태도로 학교 담임 선생님에게 상을 받는 모습을 상상해보자. 친구들 앞에서 자신 있게 이야기하고 즐거워하는 모습을 상상해볼 수도 있다. 또한 자신이 원하는 대학교 정문 앞에서 입학 사진을 찍는 모습을 상상할 수도 있다. 가급적 구체적으로 상상할수록 좋다. 이렇게 자신의 모습을 긍정적이고 구체적으로 상상하면서 잠이 드는 습관이 원하는 결과를 얻는 데 중요한 역할을 할 수 있다.

잠자기 전 10분 동안 해보면 또 좋은 것은 한 줄 일기 쓰기이다. 이것 역시 마음을 다스리는 데 효과적인 습관이다.

하루의 고단함을 뒤로하고 자기 전 10분 동안 한 줄 일기를 써보자. 내용으로는 오늘 기뻤던 일, 잘한 일, 감사해야 할 일을 쓰자. 특히 친구와 다투었거나 부모님이나 선생님이 내 마음을 알아주지 않아서 섭섭할 때, 화가 나서 잠이 오지 않을 때는 더욱더 일기를 써보는 것을 권한다. 그래서 부정적인 기분을 바꾸어주는 것이 중요하다. 아무리 우울한 날이어도 곰곰이 생각해보면 기분 좋은 일이 하나쯤은 있을 것이다. 학교 급식 시간에 좋아하는 소시지 반찬이 나왔다거나 버스를 타고 가는데 차가 막히지 않았다와 같이 소소하지만 기분 좋은 일을 한 줄이라도 쓰자. 일단 한 줄만 써보고 좀 더 여유가 생기면 세 줄까지 쓸 수 있다. 절대 길게 쓰지 말고 한 줄에서 세 줄까지만 시도해보자.

이렇게 하면 하루 중에 있었던 좋았던 일에 관심을 돌리는 습관이 생긴다. 그리고 쓰는 과정을 통해서 시각화와 함께 몸의 오감을 활용하면 더 각인이 된다.

그렇게 일기를 쓴 후에는 그 좋았던 일을 머릿속에 담아둔 채로 잠자리에 든다. 실제로 꿈이나 기억이 어떻게 만들어지는지에 대해 많은 연구가 진행되고 있다. 여기에서 공통적으로 이야기하는 것이 잠자기 전에 상상한 좋았던 일들이 꿈속에서 재생되어 장기 기억으로 보존된다는 것이다. 그런 의미에서 한 줄 일기 쓰기야말로 매우 좋은 훈련법이다.

조직심리학자 마이클 우드워드에 의하면 성공한 사람들은 잠자기 전에 의식처럼 아홉 가지 습관이 있다고 한다. 책을 읽고, 명상을 하고, 하루를 뒤돌아보며, 감사 일기를 쓴다. 일과 사생활을 분리시키고, 가족과 시간을 보내며, 계획적인 취침 시간을 갖는다고 한다. 그리고 감사 일기와 비슷한 맥락인 긍정적인 메모를 하고, 마지막으로 내일의 성공을 그려본다고 한다.

이것은 다시 말하면, 공부를 한 후 자신의 사이클에 잘 맞는 시간을 찾아서 숙면을 취하고 자신이 간절히 원하는 모습을 상상하면서 마음의 근육을 키운다는 것이다. 그리고 감사 일기를 통해 긍정적인 마음을 갖자는 것이다. 이런 방법들은 학생들도 당장 할 수 있는 것들이다. 특히 잠자기 전 10분을 활용할 수 있다. 성공은 멀리 있는 것이 아니다. 오늘 지금 할 수 있는 일을 실천하는 작은 한 걸음에 담겨져 있다.

나만의 차별화된 시간 사용법을 찾아라

한 철학자가 제자에게 물었다.

"세상에서 가장 긴 것이 무엇이냐?"

제자는 전혀 모르겠다는 얼굴로 고개를 저었다.

"그럼 세상에서 가장 짧은 것은 무엇이겠느냐?"

제자는 이번에도 대답하지 못했다.

그러자 철학자가 미소를 지으며 제자에게 말했다.

"세상에서 가장 긴 것은 시간이고, 가장 짧은 것도 시간이지! 길다고 하면 시작도 끝도 없이 길고, 짧다고 하면 눈 깜짝할 사이에 지나가버리니 말이다."

이처럼 시간은 쓰는 사람에 따라 상대적 가치를 지닌다. 공부의

신들은 보통 사람들보다 훨씬 효과적으로 시간을 사용한다. 보통 사람들과 똑같은 시간이 주어져도 훨씬 많은 것을 습득하고 새롭고 창의적인 결과물을 내놓는다. 시간을 효율적으로 보내기 위해 공신들이 공통적으로 이야기하는 것은 다음과 같다.

첫 번째는, 짧은 시간에 세부적인 목표를 세워서 그것에 맞게 실행한다는 것이다. 만약 한 과제를 수행하기 위해서 열 권의 책을 읽어야 한다면 일단 한숨부터 나온다. 따라서 열 권이라는 큰 목표보다는 우선순위를 정하여 한 권 한 권씩 세부 목표들을 짧은 시간으로 쪼개어 수행해나간다. 그렇게 학습 시간을 쪼개면 생각보다 지루하지 않게 해결해나갈 수 있다. 너무 큰 장기 목표를 먼저 생각하기보다는 쉬운 세부 목표부터 실행해나간다고 생각하면 훨씬 높은 효율을 기대할 수 있다.

두 번째는, 난이도에 따라서 시간을 배분하는 것이다. 오전과 저녁 시간 중 가장 두뇌가 활발히 움직이는 시간에 가장 어려운 과제를 수행한다. 늘 그 시간이 되면 그 공부를 하는 것이다. 그렇게 규칙을 숙지하고 합리적인 계획을 세운다면 학습 효율이 놀라울 정도로 좋아진다. 이때 어느 시간대가 가장 효율적인지는 자신이 직접 해보고 선택한다. 새벽이든 아침이든 밤 시간이든 일단 해보고 자기에게 가장 맞는 시간을 찾는다.

세 번째는, 긴장을 풀 시간을 갖는 것이다. 다시 말해, '숨 돌릴'

시간을 갖는다. 공부의 양이나 강도에 상관없이 스스로에게 '숨 돌릴' 시간을 주어야 한다. 예를 들어 일정한 시간 동안 어려운 과제를 수행했다면 그다음 시간은 가벼운 과제를 수행하는 것도 일종의 긴장을 푸는 시간이 될 수 있다.

이 외에 몸의 긴장을 푸는 것도 필요하다. 완전히 편안하게 눕는다. 이때 팔과 다리를 쫙 펼치는 느낌으로 웅크리지 않는 것이 중요하다. 사실 많은 학생들이 공부량이 많아서 자면 안 된다는 생각으로 누워서 잘 때도 웅크리고 자는데, 이 경우 스트레스가 해소되지 못하고 피로만 더욱 가중된다.

이렇게 반복하다 보면 어느 순간 체력이 떨어지고 위염이나 과민성 대장증세와 같은 병으로 나타날 확률이 높다. 이런 증상들은 단기간에 치료가 어렵고, 1년에서 2년까지 갈 수가 있어서 공부의 능률이 저하되고 매우 힘들어질 수 있다.

따라서 그때그때 휴식도 짧게 잘라서 자신에게 상을 주는 의미로 실천하면 좋다. 예를 들어 어려운 과제를 해결하고 자신에게 주는 보상으로 알람을 맞추어놓고 편안한 자세로 휴식을 취해보자. 그 시간이 10분이어도 좋고 30분이어도 좋다. 하루의 규칙적인 리듬을 깨지 않는 범위에서 30분은 넘지 않도록 하되 자신만의 긴장을 푸는 시간을 가져보자.

마지막으로, 자투리 시간을 잘 활용하는 것이다. 누구에게나 주어지는 24시간을 좀 더 많이 누릴 수 있는 방법이다. 자투리 시간은 하루에도 수십 차례 생긴다. 활동과 활동 사이에 틈새 시간이 반드시 생겨나기 마련이다. 특히 놓치지 않아야 할 시간이 수업 시간 중에 선생님이 주는 자습 시간이다. 자습 시간을 한 시간 통째로 받기도 하지만, 수업이 끝날 때쯤 5분에서 10분 정도 수업 진도를 나가기는 애매한 상황에서 주는 경우가 꽤 있다. 이때 방금 배운 수업 내용을 복습하는 것이 좋다. 이해가 안 되는 것은 선생님에게 질문할 수도 있다. 수업 시간 중에 주어지는 자습 시간이기에 끝날 때까지는 선생님이 대기하고 있기 때문이다. 그야말로 복습하기에 최적의 시간이다.

이동 시간도 자투리 시간을 활용하기에 좋다. 지하철을 기다리거나 매일 집에서 학교와 학원으로 이동하는 시간에 하면 좋은 공부가 있다. 예를 들어 영어 단어 외우기나 한국사나 세계사의 암기 내용, 과학에서 호르몬 이름과 같은 내용을 암기하면서 시간을 보내보자.

괴테는 "30분을 티끌과 같은 시간이라고 말하지 말고 그 시간 동안 티끌과 같은 일을 처리하는 것이 현명하다"고 이야기했다. 30분 단위로 생각하고 공부를 해보자. 의외로 30분 동안 할 수 있는 게 많다. 한 시간이 안 되면 아무것도 할 수 없다고 여기고 그 시간을 흘려보내는 학생들이 많다. 그러나 공신들은 30분의 가치를 알고 이런 자투리 시간을 최대한 활용한다. 30분이 연달아서 생기는 것은 아니지만 하루 동안에 틈틈이 발생하는 이 시간들을 모아보면 한두 시간 이상이 나온다. 그 시간들을 자신의 것으로 만들 때 공신도 남의 일만은 아니게 된다.

공부의 핵심은 '몰입'이다

레오나르도 다 빈치가 계란을 수없이 많이 그렸다는 사실을 알고 있는가? 계란과 같이 보잘것없는 것을 몇백, 몇천 번 그림으로써 그와 같은 위대한 화가가 탄생한 것이다. 그의 계란은 곧 그의 열정과 집중력을 보여준다.

성공한 사람들이 공통적으로 하는 이야기가 있다. 여기까지 올지 몰랐다고 한다. 그냥 자신이 하는 일을 열심히 하다 보니까 여기까지 왔다는 것이다. 즉, 그 일에 몰입하다 보니 어느 순간 여기까지 왔다는 의미이다. 그들이 성공할 수 있었던 이유는 열정을 한 군데에 집중하였기 때문이다. 이에 대해 하버드에서는 이렇게 말한다.

"당신의 에너지와 열정을 한 지점에 집중시키면 씨앗이 싹터서 자라듯 하루하루 성장할 것입니다. 이렇게 해야 공부하는 만큼 발전할 수 있으며, 세계를 이끄는 인재가 될 수 있습니다."

2009년 9월, 미국 스탠퍼드대학의 연구팀에서 동시에 여러 가지 일을 하는 멀티태스커들에 대해 실험을 진행했다. 연구팀은 각 대학에서 멀티태스커 100명을 선발해 그들에게 화면에 빨간색 사각형 2개를 연달아 보여주면서 "빨간색이 위치를 옮겼는지 관찰하라"고 주문했다. 빨간색 사각형 주변에는 파란색 사각형들이 있었다. 한 번에 하나에 집중하는 일반 학생들은 파란색을 무시하고 빨간색만 보면서 비교적 문제를 쉽게 맞혔다. 하지만 멀티태스커들은 일일이 파란색에 신경을 쓰느라 번번이 틀렸다.

그래서 연구팀은 다른 가능성을 열어두었다.

'빨간색만 보라고 했는데 파란색까지 보다니, 혹시 멀티태스커들은 여러 가지를 기억하고 정리하는 능력이 뛰어난 것이 아닐까?'

이런 가능성에 착안해 연구팀은 두 번째 실험을 진행했다. 실험 대상자들에게 알파벳 글자 여러 개를 보여주고 글자들이 몇 번 겹치는지 세어보게 했다. 일반 학생들은 쉽게 맞혔다. 그러나 멀티태스커들은 실험할수록 틀리는 횟수가 늘었다. 여러 개의 알파벳을 머릿속에 입력만 하고 정리해서 저장하지 못했기 때문이다.

'단순 정리는 못할지 몰라도 한 가지 일에서 다른 일로 전환하는 능력은 뛰어날지도 몰라. 아마도 변화가 많은 게임은 더 잘하지 않을까?

연구팀은 마지막으로 실험을 한 번 더 진행했다. 학생들에게 연속적으로 숫자나 글자를 보여주었다. 그리고 숫자가 나오면 짝수인지 홀수인지, 글자가 나오면 자음인지 모음인지를 맞히는 게임을 시작했다. 역시 이번에도 결과가 마찬가지였다. 하나에 집중하지 못하는 멀티태스커들은 번번이 틀렸던 것이다.

이번 연구를 진행한 클리포스 내스 교수는 이렇게 결론 내렸다.

"멀티태스커들은 특별한 능력이 있을 것이라는 가설을 세우고 실험을 진행했지만 멀티태스킹 능력이 뛰어날수록 주위가 산만하고 맡겨진 일의 완성도가 떨어진다는 것이 밝혀졌다."

전 세계 인구 중 0.2%에 불과하지만 노벨상 수상자의 약 22%를 차지하는 유대인의 대표적인 교육기관 예시바에서는 몸 전체를 움직이며 소리 내어 읽는 방법을 택한다. 몸을 흔드는 것은 전신운동과 공부를 함께함으로써 뇌를 활성화시킨다. 또한 몸이 따뜻해져서 혈액 순환을 돕고 뇌에 많은 산소를 공급한다. 하지만 몸을 흔들거나 자유롭게 다니면서 공부하는 모습은 언뜻 산만해 보일 수 있다.

반면 책상 앞에 진득하니 앉아서 공부하는 방법도 있다. 움직이거나 여기저기 왔다 갔다 하면 오히려 집중력이 깨진다는 것이다. 사실 공부하다 핸드폰으로 문자 몇 번 보내고 전화 한두 번 받다 보면 한두 시간은 그냥 지나간다는 것을 누구나 경험했을 것이다. 그런 의미에서 본다면 책상에 진득하게 오래 앉아서 공부하는 것이 필요할 수 있다.

따라서 공부를 어떻게 할 것인가는 선택의 문제이다. 무조건 움직이면서 하든, 하루 종일 책상 앞에 앉아서 하든 자신에게 더 맞는 것을 택하면 된다. 다만, 정말 중요한 것은 얼마큼 몰입해서 공부하는가이다. 공부 잘하는 핵심은 몰입이기 때문이다. 그래야 원하는 시간에 원하는 성과를 이뤄낼 수 있다.

공부의 몰입도를 높이기 위해 자신만의 방법을 찾아 성취해가는 것도 좋다.

지윤이는 학급 게시판에서 '시테크' 전략을 십분 활용했다. 학급 게시판에 '시테크' 양식이 있는데, 학급 인원이 35명이라면 그 양식의 가로축에 각각의 이름이 게시되어 있다. 이에 자투리 시간이 10분 생길 때마다 그것을 잘 활용했을 경우 자기 이름 칸에 색깔을 칠해서 막대그래프를 그려 올라가는 방법이다. 자신의 노력을 가시화하는 방법인데 월 단위로 게시판에 붙여놓으면 친구들과의 비교가 가능하다. 어떤 학생은 하루에 10분의 시간을 여러 번 칠하고 그것이 한 달 동안 모여서 막대그래프가 높아져 있고, 어떤 학생은 한 달이 지나도 아무것도 칠해져 있지 않을 수 있다.

자기 스스로 시간을 관리하여 막대그래프를 쌓아올리는 것은 잠깐 동안의 시간이라도 흘려버리지 않으려고 노력한다는 의미이다. 이런 과정을 통해서 자연스레 10분의 쉬는 시간에도 무엇이든 몰입하여 공부하는 습관이 생기게 된다.

책상에 오래 앉아 있는다고, 엉덩이가 가볍다고 당장 공부가 어떻게 되는 것이 아니다. 짧은 시간이라도 얼마나 몰입하느냐에 따라 공부의 결과는 달라진다.

틈틈이 작은 시간에 집중해보자. 누구나 그 정도는 해볼 수 있다. 앉아서 할 수도 있고 노래를 부르면서 왔다 갔다 하면서 머릿속에 집중할 수도 있다. 처음부터 너무 큰 계획을 세우지 말고 10분간만 몰입해본다는 마음으로 실천해보자. 그렇게 반복하다 보면 자신에게 동기부여가 되고, 10분이 30분, 한 시간으로 늘어나면서 몰입의 시간도 길어지게 된다. 사람은 제각기 다르고 각자 자기에게 맞는 다양한 공부법이 있다. 단 어떤 방법으로든 몰입을 하는 것이 중요하다. 몰입을 하는 것도 하나의 습관이기 때문이다.

5장

누구나
공신이
될 수 있다

누구나 공신이 될 수 있다.
규칙적인 생활과 그날 배운 것을 그날 복습하는 방법을
일단 시작해보는 것이다.
학원을 다니지 못해서 못한다는 말은 할 수 없다.
규칙적인 생활과 학교 공부는 기본 중에 기본이기 때문이다.

공부 달인을 벤치마킹하라

아이들은 생물 과목에서 유전 단원을 어려워하는 편이다. 멘델의 유전법칙부터 가계도 분석까지 하다 보면 점점 풀이 죽는 모습이다. 또한 여러 가지 호르몬 이름을 외우는 것도 그리 달가워하지 않는데, 반복해서 외우는 것밖에 달리 방도가 없다.

지난 수업 시간에 예고한 대로 호르몬 이름을 미리 외워오라고 하고 무작위로 시켜서 확인하는 시간을 가졌다. 그러다 보니 전교 등수 안에 드는 학생도 지목되었는데 예상대로 대답을 잘했다. 반면에 대답을 잘 못해서 서 있는 아이들이 꽤 있었다.

대답을 잘한 전교권 아이에게 물어보았다.

"영선아, 너는 이 호르몬 이름을 외우기 위해서 몇 번 반복했니?"

"호르몬 하나당 100번 정도씩 반복했어요."

"그렇구나. 그럼 얘들아, 자신이 100번 정도 반복해본 사람 손 좀 들어볼래?"

손을 든 친구들은 아무도 없었다.

이렇듯 공부의 달인들은 그만큼 노력을 한다는 것이 여실히 증명되는 시간이었다. 공부에는 왕도가 없다. 끈기 있게 반복하면서 노력하는 것만이 비결이라면 비결이다. 이렇게 현재 진도에 대해 미루지 않고 그때그때 피드백을 받고 칭찬을 받게 되면 더욱더 공부를 하고 싶은 생각이 드는 것은 당연하다.

그런데 공부의 달인들이라고 해서 무작정 반복하지는 않는다. 자신에게 맞는 방법으로 보다 정교한 전략을 사용한다. 그중 스스로에게 질문을 던지면서 내용을 익히는 방법이 매우 효과적이다. 질문은 뇌를 긴장시킨다. 우리가 책을 읽을 때도 특별한 목적의식 없이 읽으면 그 내용이 왠지 머릿속에 남아 있지 않은 경우가 있다. 그런데 그 책에서 어떤 내용을 찾는다든지, 그 내용의 주제를 요약해야 한다는 미션을 가지고 책을 읽으면 그 내용이 머릿속에 쏙쏙 들어오는 것을 경험할 수 있다.

학생들에게 수업을 할 때도 마찬가지이다. 오늘의 수업 목표는 '이것이다'라고 칠판에 일방적으로 쓰면서 이야기하는 것보다는, 오늘의 수업 목표를 교과서에서 찾아보도록 하고 이야기하게끔 하면 아이들의 태도가 좀 더 능동적으로 바뀌고 그 내용을 인식하는 확률이 훨씬 높다. 유치원 정도 연령의 아이들에게 아주 간단한 것을 이야기할 때도 마찬가지이다.

"이것이 네가 좋아하는 아이언맨 로봇이야"라고 이야기할 때보다 "이게 뭐지?" "로봇이요." "이 로봇 이름 혹시 아니?"라고 작은 단계로 나누어 물어보면서 대화를 하면 아이의 눈이 훨씬 커지고 흥미 있어 한다.

자신에게도 이와 같이 구체적으로 질문을 던지며 공부하면 보다 효과적이다.

"내가 이 호르몬 이름을 언제까지 외우고 테스트를 받아볼까?" 또는 "내 몸속에 호르몬을 분비하는 곳이 몇 군데야?"라고 스스로 질문하며 그 위치를 실제로 상상하면서 외워보면, 질문하지 않고 무작정 암기할 때와 그 효과가 다르다는 것을 알 수 있다.

그런데 질문이라고 해서 무조건 공부에 긍정적으로 작용하는 것은 아니다. 질문이 너무 부담스럽거나 실행이 불가능해 보이는 경우에는 그 효과가 떨어진다.

"내가 전교 1등을 하려면 어떻게 하지?"라는 질문을 하면 왠지 가슴이 답답해지고 나와는 너무 먼 이야기 같아 오히려 의욕이 꺾일 수 있다.

꼭 공부가 아니더라도 일상의 곳곳에서 질문하는 습관은 문제가 발생했을 때 상황에 대한 이해력을 키워주고 현명한 해결책을 제시하게 만든다.

학교에서 아이들이 축구 경기 중에 사고가 생겼다고 하자.

이때 "그 사고를 어떻게 하면 완벽하게 처리할까?" 와 같은 구체적이지 않고 광범위한 질문과 다음에서 제시하는 질문들을 비교해 보자.

"축구 경기에 참여한 주요 학생들이 누굴까?"

"다친 학생은 누구지?"

"어떤 상황에서 사고가 일어난 거지?"

"하루 일과 중 언제 사고가 일어난 걸까?"

이런 작은 질문들을 좇아가다 보면 해결의 실마리가 풀리고 보다 정확하게 상황에 대처하게 된다.

또한 공부의 달인들은 전반적인 생활을 규칙적으로 해나간다. 자연히 공부 습관도 규칙적으로 자리 잡혀서 학습 능률이 오르게 된다.

독일에서 가장 목가적이고 아름다운 도시로 일컬어지는 중세풍의 도시 하이델베르크는 뮤지컬 영화 〈황태자의 첫사랑〉의 무대였고, 수많은 철학자들이 사랑한 곳이기도 하다. 하이델베르크의 젖줄인 네카어 강을 가로지르는 '카를 테오도어 다리' 는 가장 아름답고 오래된 다리로 독일의 명물 중 하나다. 독일 관념 철학의 아버지인 칸트가 산책하는 중 항상 점심시간 때면 이 다리를 건넜다고 한다. 다리 위로 칸트의 모습이 보이면 마을 사람들이 시계를 맞췄다는 일화는 유명하다.

칸트가 위대한 철학자라는 사실과 매일 같은 시간에 산책을 했다는 이야기가 언뜻 보면 직접적인 관계가 없어 보일 수 있다. 하지만 그만큼 규칙적인 생활을 했다는 것을 보여주는 단적인 예이다. 이렇게 규칙성을 기본으로 하면서 일상에서 일어나는 미세한 차이에 집중하여 사색의 폭을 넓혔을 것이다.

이를 우리의 생활과 비교해보자. 매일 비슷하게 보내는 삶을 지겨워하지 않고 규칙적인 생활 속에서 어제보다 오늘 조금씩 알아가는 공부의 즐거움을 느끼고 집중하고 있는지 돌아보자.

학력이란 단순히 공부만 하는 것을 의미하지 않는다. '교육적 지식과 기력과 체력, 의사소통 능력을 포함하는 총체적인 힘'으로 규정할 수 있다. 그런 만큼 바른 생활 습관이 이런 '총체적인 힘'을 기르는 데 바탕이 된다.

공부 습관을 말할 때 오랫동안 책상에 앉는다고 예습, 복습을 한다고 생기는 것이 아니다. 먼저 바르고 규칙적인 생활 습관이 몸에 밸 때 비로소 공부 습관이 잡힐 수 있다. 전반적인 생활 습관과 공부 습관이 매우 밀접하게 관련되어 있다. 예를 들어 아침 식사를 꾸준히 하려면 일단 일찍 일어나야 한다. 즉 시간을 통제하고 지키려고 노력해야 한다. 당연히 기상 시간이 일정하면 취침 시간도 일정해지고, 전반적인 생체리듬이 건강하게 유지된다. 생체리듬은 실제로 집중력에 많은 영향을 미친다. 아침 식사로 섭취한 물질이 오전 동안 뉴런의 대사를 활성화하는 것은 물론이다. 이런 식으로 건강한 생활 습관은 공부 습관의 필요충분조건이다.

공신들의 공부 습관에는 반복을 두려워하지 않는 자연스럽게 몸에 밴 의지력이 있다. 그 의지력조차 수고가 필요하지 않다. 몸에 배어 있는 습관이기 때문이다. 그런 공부 습관은 생활 자체가 규칙적일 때 자연스레 힘을 발휘하고 자리 잡을 수 있다. 항상 자신에게 스몰 스텝의 질문을 던져보자. 오늘 해야 할 일을 구체적으로 마무리했는지, 규칙적인 생체리듬을 가지고 지금 이 순간에 집중하고 있는지 말이다.

공부의 답은 습관뿐이다

학교에서 아이들의 최대 관심사는 중간고사와 기말고사 성적이다. 시험 결과가 나오면 희비가 엇갈린다.

미정이는 지난 학년 말에 비해 새 학년이 되어 치른 중간고사 성적이 상승하였다고 기쁜 얼굴로 찾아왔다. 그리고 의욕에 가득 차서 앞으로 더 노력할 것이라고 밝게 이야기했다.

스스로 동기부여가 되어서 공부하는 아이들을 보면 고맙기까지하다. 교사는 이런 아이들을 격려해주고 끝까지 페이스를 유지하도록 이끌어주어야 한다.

그런데 그로부터 한 달 정도 후에 미정이의 모습이 아주 우울했다. 조용히 불러서 사정을 들어보니 공부를 열심히 하려고 했으나,

친한 친구와 다투고 나자 기분이 우울해지면서 의욕이 많이 꺾였다고 한다. 미정이는 속상한지 눈물까지 보였다.

『습관의 재발견』을 쓴 스티븐 기즈는 '동기'는 감정과 느낌을 기반으로 하기 때문에 믿고 의지할 수 없다고 한다. 인간의 감정이 유동적이고 예측 불가능하기 때문이다. 성적이 올라서 좋은 대학교에 진학할 수 있다는 생각은 동기와 의욕을 불러일으킨다. 하지만 주변을 보라. 친구들과 핸드폰으로 수다 떨고 게임을 하는 등 공부보다 재미있는 것들이 우리 가까이서 유혹하고 있다. 동기를 유발시켜 성공을 거두려면 유혹을 전혀 느끼지 않고 그 마음이 끝까지 지속될 때뿐이다.

그런데 그 마음을 끝까지 가져가는 게 사실상 불가능하다. 우리 학생들의 공부 여정은 결코 짧지 않다. 초등 고학년부터 자신의 꿈에 대해 궁금해하고 고3까지 약 7년에서 8년 정도의 시간 동안 그 목표를 향하여 긴 여정을 보낸다. 이럴 때 의욕과 동기로만 끌고 간다면 결코 그 의욕이 그대로 유지되기는 쉽지 않다. 좋은 감정으로 의욕 충만할 때는 문제가 없지만 의욕이 떨어져서 감정이 내려갈 때는 그 감정을 다스리기가 쉽지 않다.

미정이의 경우만 봐도 동기와 의욕이 감정의 변화 앞에서 얼마나 맥을 못 쓰는지 입증해주고 있다.

스티븐 기즈는 우등생이 되려면 보통 세 가지 원동력, 즉 동기,

의지력, 습관이 있어야 한다고 말한다. 이 세 요소가 조화를 잘 이룰 때 좋은 학습 효과를 기대할 수 있는 것이다.

동기부여가 되어서 학교에서 돌아오자마자 두 시간씩 그날 배운 것을 복습했다고 하자. 한 달 정도 하루도 빠짐없이 한다면 습관이 어느 정도 자리를 잡아가고 있는 것이다. 이때 자신의 마음이 아직까지 동기에 의존하고 있다면 그 동기가 점점 줄어드는 것을 느낄 것이다. 우리가 새 옷을 샀을 때 처음에는 너무나 좋아하지만 시간이 지나면 익숙해져 그 마음이 시들해지는 것과 같다.

따라서 오랜 시간을 두고 목표를 향해 나아갈 때는 의욕이나 동기 같은 감정에 의존하지 말고 습관으로 자리 잡게 해야 한다. 습관으로 정착되려면 생각에 머물지 않고 행동으로 실천하면서 반복해야 한다. 반복을 하다 보면 오히려 감정이 무뎌져서 거부감이 적어지고 자신도 모르게 하는 자동화 시스템이 된다. 감정 없이도 실천하는 습관이 된 것이다.

무엇인가를 시작할 때 흥분감은 자신에게 힘이 되는 것 같지만 그런 흥분감은 오래 지속되기 어렵다. 항상 의욕이 충만할 수는 없지 않겠는가. 따라서 의욕과 열정을 갖는 것은 좋지만 행동을 실천하게 하는 원동력으로 삼지 말고 기분 좋은 보너스 정도로만 여기자.

그 대신 '의지력'을 가지고 작은 목표를 실천하자. 누구나 공부를 잘하고 싶고 자신의 목표에 맞는 대학에 가고 싶어한다. 하지만 누가 먼저 실천하느냐에 달려 있다. 실천을 하려면 일단 이 행동을 해야겠다는 의지력이 필요하다. 감정에 기반을 두지 않은 담담한 자세로 의지력을 끌어내보자.

의지력을 발휘하면 원하는 공부의 양과 방법과 시간을 정해서 할 수 있다. 의욕이 있든 없든 감정에 휘둘리지 않고 그 일을 할 수 있다. 이런 의지력은 습관 형성에 중대한 기여를 한다. 의지력이 있어야 습관으로 자리 잡을 수 있다.

간혹 어른들은 아이들에게 "공부 열심히 하렴" "열심히 하면 무엇이든지 할 수 있어"라고 격려를 해준다. 하지만 이런 식의 격려가 얼마나 위로가 될까? 열심히 해야 되는 것은 학생들도 잘 안다. 그런데 '그 열심히'가 안 되는 것이 문제다.

문제를 해결하려면 당장 실천이 가능한 일을 하면 된다. 작은 단위로 잘게 나누어서 달력이나 자신의 플래너에 적어가면서 하나씩 해나가자. 작은 단위라 부담이 없으며 정해진 시간에 정해진 양을 하는 것이 좋다.

이렇게 조금씩 의지력을 갖고 해나가면 어느새 자기만의 공부 습관이 자리 잡혀 있는 것을 확인할 수 있다.

의욕이 넘쳤던 미정이는 상담을 통해 다시 공부 계획을 세웠다. 미정이의 일과를 기본으로 하여 서로 의견을 교환하면서 미정이가 실천할 수 있는 작은 단계의 계획들을 세웠다.

작은 단계로 나누어서 습관으로 자리 잡게 하는 것은 누구나 공부를 잘할 수 있는 합리적인 방법이다. 머리가 좋고 나쁘거나 능력이 있거나 없거나 상관없이 누구나 시도해볼 수 있고 성공할 수 있는 중요한 방법이다. 공부는 능력이 아니라 습관이다.

공신은 비범한 전략가이다

전략이란 '어떤 목표에 도달하기 위한 최적의 방법'이다. 이때 그 최적의 방법이라는 것이 자신에게도 최적이어야 할 것이다. 공부에서 어떤 목표를 세울 때 그 목표라는 것이 대학 입시일 수도 있고 이번에 보는 중간고사일 수도 있다. 이때 그 목표에 잘 이를 수 있도록 전략을 세워야 하는데, 자신에게 최대한 맞게 세워서 실행하는 것이 중요하다.

지윤이에게 물었다.

"너는 어떤 전략으로 공부를 했니?"

"반복했지."

공신들에게 물어보면 이구동성으로 일단 반복을 해야 한다고 말한다. 물론 반복하는 방법은 개인마다 다르고 다양하다.

지윤이의 전략은 과목마다 세부 영역으로 나누고 그 영역을 몇 번 반복하느냐에 따라 '正'자를 그리면서 체크해나갔다. 국어 과목을 공부할 때 만약 고전소설이 집중적으로 범위에 있을 때는 『춘향전』, 『심청전』으로 각 작품을 적고 그 작품의 내용을 얼마나 외웠는지, 해당 문제를 얼마나 풀었는지 다시 세부 사항으로 나누어 반복할 때마다 '正'자를 써나갔다. 영어의 경우에는 문법, 단어, 수특 지문 등 항목으로 나누고 마찬가지로 반복할 때마다 正'자를 썼다. 이렇게 항목별로 구분해놓으면 어느 부분을 더 하고 덜 했는지 한눈에 파악되고 충분히 반복하지 못한 부분을 더 보충할 수 있다.

은주의 전략은 다이어리의 '오늘 할 일' 난에 일주일 단위로 공부할 양을 정하고 무엇을 할지 최대한 자세히 적는 것이다. 본인이 달성할 때마다 그 내용을 지워나가면서 공부를 하면 그때의 성취감이 너무 좋다고 한다.

나는 학기 초가 되면 한 달 달력의 해당 요일에 각각 그날 시간표를 복사해서 편집한 종이를 아이들에게 나누어주었다. 그 시간표를 벽에 붙여놓고 그날 시간표의 과목 공부를 끝내면 그 과목을 지운다. 과목 공부는 교과서와 선생님이 나누어준 프린트물이나 자신이 필기한 내용을 다시 한 번 읽어보고 이해한 다음에 외우다시피 머릿속에 넣는 것까지이다. 이때 외우다시피라고 이야기한 것은 학습 내용을 완전히 자기 것으로 만들어서 그 내용을 떠올릴 때 머뭇거리지 않고 곧바로 튀어나올 수 있는 것을 말한다. 아무 의미를 모르고 무작정 외우면 안 된다. 확실히 알기 위해서 반복을 하는 것이고 반복을 하면 외우다시피 내용을 숙지하게 된다.

그런 다음 반드시 테스트를 해봐야 한다. 자신이 안다고 해도 그 기준이 분명하지 않을 수 있고, 또 문제를 풀어보면서 그 자체로 새로운 내용을 추가로 알 수도 있다.

테스트를 하는 방법은 두 가지가 있다. 먼저, 배운 내용에 대하여 해당 문제를 풀어보는 것이다. 한 시간의 수업 분량에 해당하는 문제집 문제는 한두 페이지 정도이고, 5~10분 정도면 풀 수 있다.

또한 공부한 내용을 A4 용지에 적어보는 것도 좋다. 빈 종이에 해당 단원의 대단원, 중단원, 소단원 제목을 반드시 쓰는 것을 권한다. 이렇게 제목을 쓰면서 자신이 공부하는 내용의 위계를 파악하고 큰 카테고리를 이해하는 것이 필요하다. 특히 역사 과목은 이렇게 써보는 방식이 유용할 수 있다. 단원명 아래에 시간의 흐름이나 공간적 배치에 따른 사건을 쓰고 각각의 특징 등을 써가는데 생각이 나지 않는 부분은 빈칸으로 남겨두고 책에서 찾아서 쓴다. 그 부분은 색깔이 다른 펜으로 써놓고, 책에는 그 내용을 형광펜으로 표시해둔다. 이렇게 형광펜으로 해놓으면 자신이 처음에 기억하지 못한 부분이라는 것을 알고 반복하면서 꼼꼼히 채워나갈 수 있다.

수영이의 전략은 평소 말하는 것을 즐기고 의견을 표현하기를 좋아해서 이것을 공부법에 활용하는 것이다. 즉, 자신이 공부한 내용을 좋아하는 인형에게 설명하며 정리한다. 이렇게 설명하다 보면 잘 외워지지 않는 부분도 훨씬 편하게 외워지고 이해가 더 잘된다. 공부를 하기 싫다가도 말을 하다 보면 집중력도 생긴다.

자신에게 맞는 방법을 잘 찾는 것이야말로 자기 공부의 비범한 전략가가 되는 것이다. 자신에게 맞는 전략을 짜서 목표를 향해 한 발 한 발 내딛는 것이 중요하다. 다른 사람을 흉내 낼 필요가 없다. 자신이 가장 중요하다. 자신의 목표를 세우고 자신만의 나침반을 찾아서 그것에 맞게 전략을 짜는 것이다.

이때 더 중요한 것이 있다. 그것을 실천하는 것이다. 처음 시작할 때는 거부감이 생길 수 있다. 그것을 인정하고 일단 해보는 거다. 아무리 싫어도 3일만 해보자. 그리고 조금씩 시간을 늘려보자. 3일, 7일, 10일, 15일이 되면서 익숙해지고 습관이 될 때까지 실천에 옮기는 것이 중요하다.

꿈은 공부에 몰입하게 한다

　중학생이 되는 도윤이는 전형적인 대치동 키드이다. 초등학교 때 캐나다에서 2년 동안 지내고 와서 영어도 잘하고, 초등 저학년부터 중국어 학원을 다녀서 중국어까지 실력을 갖추어놓았다. 국어와 수학 공부 선행학습에 열중인 도윤이는 중학교에 입학하면서 학원 시간이 몇 배로 늘었다. 그런데 도윤이는 자신이 왜 이렇게 공부를 해야 하는지 확실한 이유를 모른다. 물론 공부를 잘하는 것이 좋은지는 알지만, 이렇게 많은 양의 공부를 할 필요가 있는지 납득이 되질 않는다. 그저 엄마가 학원을 정해서 가라고 하면 가는 것이고 딱히 나중에 무엇을 할지도 잘 모르겠다.

　도윤이 경우 MBTI 검사를 참조해 미래의 직업과 꿈을 설계해주

면 좋다. 꿈을 찾게 되면 공부를 해야 할 명확한 이유를 알게 되어 공부의 몰입력을 높여준다.

MBTI는 대중적으로 쓰이는 성격 유형 검사이다. MBTI 검사를 통해 16가지 성격 유형 중 자신이 어떤 유형에 해당되는지 확인하고, 이를 통해 자신의 성격, 장단점, 적성에 맞는 직업, 학습 스타일 등을 알아볼 수 있다.

예를 들어 한 학생이 MBTI로 적용해본 결과 'ENFP' 형으로 나왔다고 하자. 이 유형은 자유로운 사고의 소유자로, 타인과 사회적, 정서적으로 깊은 유대관계를 맺음으로써 행복을 느낀다. 매력적이고 독립적이며 아이디어 하나로 세상을 바꿀 수 있다고 생각하는 편이다. 따라서 다양한 경험을 제공하고 새롭고 도전적이면서 창의성과 통찰력을 발휘할 수 있는 직업이 맞는다. 교사, 목사, 미술가, 사회과학자, 상담가, 작가, 언론계, 예능인 등이 해당된다.

이런 결과를 토대로 학생의 특징을 파악해 좀 더 적성에 맞는 꿈의 진로를 찾을 수 있도록 조언해주면 공부에 대해 목표를 갖고 즐겁게 할 수 있을 것이다.

그리고 이런 진로를 고려해 청소년들에게 마인드맵을 그려보게 하면 더욱 좋다. 마인드맵은 자신의 꿈을 시각화하는 데 큰 의미가 있다. 머릿속에 무수히 떠오르는 생각들을 정리하고 써보면서 시각화하면 실천 가능성이 훨씬 높아진다. 모치즈키 도시타카는 책

『보물지도』에서 보물지도란 "커다란 종이에 자신의 꿈을 써놓고 이미지와 사진을 덧붙여 그것을 방에 붙여두고 매일 바라보는 일이다"라고 이야기한다. 이것 역시 마인드맵의 일종이다. 이런 보물지도를 벽뿐만 아니라 휴대폰 액정화면에도 띄워놓고, 축소해서 지갑과 다이어리 앞에 붙여놓는 것도 수시로 시각화하고 자기 암시를 할 수 있는 좋은 방법이다.

이처럼 자신의 꿈이 명확할수록 동기부여가 되고 그것에 맞는 구체적인 행동들을 하게 된다.

실제로 학습량이 많아지는 초등 고학년이나 중학교에 들어가는 학생들은 자신이 그렇게까지 공부해야 할 이유를 납득하지 못한다. 공부를 잘하고 싶은 마음도 있지만, 열정이 그에 미치지 못한다. 반면 부모들은 지금이 중요한 시기임을 너무나 잘 알기 때문에 상황이 허락되는 한 많은 돈과 시간을 투자하면서 자녀 교육에 전념한다. 이런 구조이니 부모와 아이들의 사이가 안 좋아질 확률이 높다.

따라서 이 시기에 여러 가지 도구를 이용하여 아이에게 스스로를 이해하고 자신의 꿈과 직업을 찾아갈 수 있게 도와주어야 한다. 이런 과정을 통해 아이들은 공부에 대한 몰입도와 흥미도가 높아지고 학교 성적까지 향상된다.

꿈을 찾아줄 때는 자신의 특성에 맞으면서 큰 꿈을 갖도록 하는 것이 중요하다. 작은 꿈은 100% 이루어져도 어차피 작은 꿈이다. 꿈이 크면 클수록 꿈을 이루려는 과정에서 자신의 가능성을 최대로 끌어올리고 발휘할 수 있다. 그다음은 큰 꿈을 이루기 위한 작은 계단을 설계하고 실천하도록 도와주는 것이 필요하다. 그 작은 계단을 올라가는 일은 어쩌면 안개 속을 걸어가는 것처럼 아주 답답한 느낌일 수 있다. 하지만 오늘 걸어가는 느낌과 어제 걸어가는 느낌의 차이에 집중해보자.

심리학자들의 연구 결과, 사람은 몰입할 때 가장 행복하다고 한다. 그런데 몰입의 즐거움은 작은 차이를 느끼고 알아차릴 때 얻을 수 있다고 한다. 미세한 변화를 알아차리려면 꾸준한 반복 속에 집중하는 것이 필요하다. 이렇게 미세한 차이를 알아차리고 그 변화에 주목하면 매일의 일상이 지루하지 않게 된다. 그리고 한 번에 많은 것을 이루려는 성급한 마음이 없어지므로 결과가 빨리 눈에 보이지 않아서 일찌감치 포기해버리는 일도 줄어들 것이다.

자신만의 큰 꿈을 찾자. 그리고 공부에 몰입해보자. 그렇게 매일 반복되는 일상이라도 그 속에서 어제와 오늘의 차이점을 느껴보자.

'생각'보다 '행동'을 먼저 하라

꿈을 이루는 공부 습관에서 우선해야 되는 것이 건강한 육체를 만들고 자신이 발전할 수 있는 행동을 하는 것이다.

2007년 독일의 과학자들이 사람들에게 발바닥을 최대한 자극하며 걷도록 한 뒤 어휘력 시험을 치르도록 했다. 그랬더니 정말 암기 속도가 20%나 빨라졌다. 한의학에서는 발을 오장육부에 흐르는 기(氣)의 통로로 본다. 따라서 발에 압력을 주면 전신의 기와 혈액의 순환에 도움을 준다. 특히 발바닥 길이를 3등분 했을 때 앞쪽 3분의 1지점의 움푹 들어간 곳인 용천(湧泉)이란 혈을 눌러주면 좋다. 인간의 뇌가 발달한 원인 중 하나가 바로 발가락 끝에 체중을 실어 돌아다니기 때문이라는 이론도 있다. 네 발로 걷는 다른 동물들은 수백만 년의 세월이 흘러도 뇌가 진화하지 않았다. 하지만 인간은 4백만 년 동안 두 발로 걸어 다니면서 뇌가 400g에서 1500g 안팎으로 커졌다. 이것이 바로 발바닥을 자극하면 두뇌 회전이 좋아진다는 증거다. 학생들이 몇 시간 동안 꼼짝도 하지 않고 책상 앞에 앉아 공부만 하다 보면 머리가 지끈지끈 아파오고 눈도 충혈된다. 몸의 에너지가 머리에 몰리기 때문이다.

아인슈타인은 인체를 포함한 만물은 에너지 덩어리라고 이야기한다. 하지만 인체라는 에너지 덩어리도 머리 한 곳에만 에너지가 장시간 몰리면 균형을 잃게 되고, 다리는 에너지가 정체되어 푸석푸석해진다. 그래서 공부하다가 머리가 꽉 막히는 듯하면 벌떡 일어나 무조건 걸어야 한다. 뛰거나 줄넘기를 해도 좋다. 발바닥을 자극시키는 뭔가를 해야 한다. 그러면 차츰 머리가 맑아지는 걸 느낄 수 있다. 머리에만 몰려 있던 에너지가 다시 다리로 흘러가면서 몸 전체의 균형이 회복되기 때문이다.

그런데 우리 학생들은 꽉 찬 학업 스케줄로 뛰거나 줄넘기를 할 시간조차 갖기 어렵다. 이때 지압 발판을 이용해보자. 책상 옆에 지압 발판을 놓고 몸이 찌뿌듯하고 머리가 멍하면 지압 발판에 올라가서 천천히 제자리걸음을 하면서 깊은 호흡을 해보자. 이렇게 하면서 잠깐 동안이라도 자신이 좋아하는 음악을 들으면서 쉴 수도 있고 중얼중얼 소리를 내면서 공부를 해도 좋다. 앉아서만 공부하라는 법은 없다. 건강한 육체가 선행되어야 공부도 꿈도 이룰 수 있음을 명시하자.

 또한 내 자신이 발전할 수 있는 행동에 주목해보자. 보통 긍정적인 생각을 해야 긍정적인 행동을 한다고 말한다. 그러나 마음가짐이나 사고방식이 삶을 변화시키는 데 큰 효용이 없고 오히려 행동이 마음가짐보다 훨씬 빠르게 변화를 불러온다고 하는 주장들이 제기되고 있다. 성적이 잘 나오고, 행복을 더 크게 느끼고, 마음의 걱정과 불안을 떨치고, 자신감을 회복하고, 창의력을 키우는 비법은 거창한 프로젝트 속에 있는 것이 아니다. 수업 시간에 앞자리에 앉고, 선생님과 눈을 마주치며 소통하고, 고개를 끄덕거리고, 일과를 마치면 책가방부터 정리하는 조그만 행동 속에 있다는 것이다.
 성큼성큼 앞을 보고 걷는 사람이 발을 질질 끌면서 걷는 사람보다 행복감을 더 느낀다고 한다. 우리도 한 번 직접 해보자. 해보면 그 차이를 느낄 수 있다.
 빅토리아 시대의 철학자이자 심리학자인 윌리엄 제임스는 현대 심리학자들에게 가장 추앙받는 '심리학의 아버지'다. 제임스는 사람이 왜 기쁠 때 웃고 많은 사람 앞에 서면 긴장되는지 등 현실적이지만 당연하게 여겨지는 심리적 현상들을 탐구한 끝에, 감정이 행동을 만드는 것이 아니라 행동이 감정을 만들어낸다는 사실을 발견했다. 이것을 '가정이론'이라고 한다. 제임스가 100년 전에 제시한 이 이론을 리처드 와이즈먼이 『Rip it Up(립잇업)』에서 '핵심

처방이론으로 소개하고 있다.

제임스의 가정 원칙 효과가 100년이 지난 후 리처드 와이즈먼에 의해 검증되자, 행동을 정신을 이끄는 도구로 활용할 수 있게 되었다. 예를 들어 우울할 때도 우울하게 행동하며 기분이 바닥을 치기를 기다릴 것이 아니라, 연필을 입에 물어 인위적으로 웃는 표정을 지어 보거나 즐거운 척 막춤을 추는 것이 훨씬 도움이 된다고 한다. 핵심은 갑자기 긍정적인 '생각'을 떠올리며 웃으라는 게 아니라, 이런저런 생각 없이 그냥 입술 양 끝을 올리는 '행동'부터 하라는 것이다.

마음과 관계없이 일단 행동부터 해보자. 공부하기로 결심했는데 컴퓨터가 눈에 들어오고 게임을 하고 싶다면 일단 컴퓨터를 옆으로 제쳐두거나 멀리 거실에 가져다 놓아보자. 내 마음은 게임을 너무 하고 싶지만 마음과는 관계없이 행동으로 게임을 하지 않아 보는 것이다. 공부를 열심히 해야겠다고 각오만 다지기보다 학교 방과 후에 오늘 배운 책부터 일단 펴보는 행동을 하면 마음이 변한다는 것이다.

다른 학교로 전학을 한 후에 성격이 바뀌는 경우가 있을 수 있다. 성격은 환경에 따라 다르게 행동하면 종종 바뀌기도 한다는 것이다. 즉 소극적인 행동을 할수록 내향적인 사람이 되고, 적극적인 행동을 할수록 외향적인 사람이 된다. 자신이 우등생이 아니어도 우등생인 것처럼 행동해보자. 선생님께 인사도 살갑게 해보고 수업 시간에 리액션도 자꾸 해보자.

　이제까지 하지 않던 아주 작은 행동을 해보는 일이 변화가 시작되는 출발점이 될 수 있다. 활발하고 자신감 있는 성격이 되고 싶다면 이미 그 성격을 가진 것처럼 큰 소리로 대답하고 활짝 웃어보자. 친구들이 갑자기 왜 그러냐고 하면 "그냥 한 번 해보는 거야"라고 말하면 된다. 조금씩 더 많이 해보면 친구들도 변화된 자신의 모습을 자연스럽게 받아들일 수 있다. 어려운 문제를 푸는 데 집중하고 싶다면 허리를 펴고 심호흡을 하는 행동을 일단 해보자. 이런 작은 행동들이 공부를 잘하게 하는 출발점이 될 수 있다. 일단 출발이 되면 훨씬 쉬워진다.

　꿈을 이루는 공부 습관이란 공부를 열심히 해야 한다는 생각과 각오를 거듭하는 것에 머물러 있는 것을 의미하지 않는다. 새 학기 조회 시간에 선생님이 말씀하신 열심히 공부해보자는 이야기를 듣고 '그래 한 번 해보자'라고 각오를 다지고도 바로 하교 후 친구들에게 휩쓸려 PC방으로 향하진 않았는지 되돌아보자. 그보다 PC방에 가지 않도록 구체적인 계획을 세우자. 마음속에 따라가고 싶어도 일단 집에 가거나 도서관에 가는 행동부터 먼저 하자. 무사히 도서관에 가서 앉아 있기만 해도 출발은 잘한 것이다. 자신을 칭찬해주고 그 행동을 반복해보자. 그다음의 진도가 나갈 확률이 몇 배는 높아져 있게 된다.

공부는 나를 사랑하는 습관이다

'아침에는 부모님이 떠 먹여주는 음식을 먹으면서 허겁지겁 나와 학교를 가고 점심을 급식으로 때우고 저녁은 학원 중간에 사 먹는다. 방은 안 치워도 그만이다. 침대에 몸만 들어가서 자면 되니까. 학원도 가기 싫으면 가지 않는다. 그럴 경우 학원에서 집으로 문자를 보내는 것 같지만 엄마도 처음에만 학원에 관심이 있지 본인 일이 더 바쁜 듯하다.'

아이들이나 가족의 특성에 따라 조금씩 다르겠지만 어쩌면 우리 아이들의 일상인지도 모른다. 이런 일상을 잘 관찰해보면 아이들 입장에서 자신을 돌아보는 시간이 없고, 자신의 의사 결정으로 이루어지는 것이 없다. 아이들이 주도적인 삶을 살게 하려면, 일상의 여러 문제를 아이들 스스로 결정하도록 한다.

'내일은 일정이 타이트하니까 내일 아침에는 6시에 일어나면 되겠어.'

'내일은 학원을 가지 않아도 되는 날이니까 4시쯤 집에 돌아올 수 있겠네. 집에 오면 좀 쉬었다가 국어부터 시작하자.'

'지금 다니는 수학 학원은 진도를 빨리 나가니까 여름방학 때까지 다니면 될 것 같아.'

'지금 하고 있는 과외가 어떤 면은 나와 맞지 않고 어떤 면은 나와 맞으니까 앞으로 언제까지 하는 것이 좋을까?'

아이들 입장에서 이런 생각을 구체적으로 할 수 있게 이끌어주는 것이 중요하다. 이와 같이 생각을 하는 연습이 되어 있지 않다면 부모와 교사가 차근차근 질문 형식으로 던지면서 단계를 밟아나가보자.

"예진아, 내일은 공휴일이어서 산에 가기로 했지? 그럼 몇 시에 일어나면 좋겠니?"

"예진아, 내일은 학원을 가지 않아도 되는 날이니까 언제쯤 돌아올 수 있겠니?"

"예진아, 내일 아침 7시에 일어나라."

"예진아, 내일은 학원을 가지 않아도 되는 날이니까 4시면 와야 한다."

두 가지 대화체 중에서 어떤 대화가 다음의 연속적인 의사소통으로 이어질 수 있을지 비교해보자.

일상에서 아이들의 의사 결정을 존중해주는 것이 좋다. 의사 결정을 하는 과정에서 자신에 대해서 생각하고, 주체성을 키울 수 있기 때문이다. 물론 부모가 생각하는 것과 전혀 엉뚱한 방향으로 이야기할 수도 있지만, 그럴 때는 조심스럽게 다시 한 번 생각해보면 좋겠다고 부모의 의견을 이야기해보자. 감정을 배제하고 말하면 더욱 좋다. 그렇게 이야기해도 아이가 수긍하지 않고 자기 의견을 고집하면 하도록 두어야 한다. 아이 입장에서 일단 해보고 힘들다는 것을 느끼는 시간이 필요하다.

이렇게 자신의 의견대로 일정을 조율하면서 조금씩 자신에 대해 알아가게 된다. 이것은 자기 스스로에게 관심이 있어야 하는 부분이다. 내가 원하는 것이 무엇인지, 내가 하고 싶은 일이 무엇인지, 내 삶에 대해서 결정권을 가지고 책임지려는 노력을 매일 일상에서 연습하는 것이 필요하다.

이것은 자존감의 문제와도 직결된다. 내가 나를 어떤 관점으로 바라보는지, 나를 충분히 믿어주고 있는지, 그리고 자신의 진정한 가치를 알고 있는지 등으로 발전될 수 있다.

내가 어떤 사람인가 하는 문제에 대해서 깊이 있게 연구한 학문이 있다. 바로 자연과학에서 물리학 분야이다. '나는 누구인가?'라는 물음에서 '만물은 무엇으로 만들어져 있는가?'로 확대된다. 그

궁금증을 풀기 위해 물리학은 우리 몸을 쪼개고 쪼개서 더 이상 쪼갤 수 없을 때까지 쪼개보았다. 이런 과정을 통해 분자에서 원자로 들어가고 원자보다 더 작은 미립자까지 쪼개 들어갈 수 있다.

우리가 먹는 밥이나 우리의 생각이 담긴 뇌파 등 모든 것을 쪼개고 또 쪼개면 미립자가 나온다. 눈에 보이는 것이든 보이지 않는 것이든 만물의 최소 구성 물질은 모두 미립자로 되어 있다. 그렇다면 이 미립자의 정체는 무엇일까?

미립자를 야구공에 비유한다면 그 야구공을 자동발사기에 장전시킨 후 하나씩 발사한다고 가정하자. 발사하는 앞에는 장벽이 설치되어 있는데 중간쯤에 가늘고 긴 틈(슬릿, slit)을 두 군데 뚫어놓았다. 그 장벽을 향해 미립자를 발사한다. 미립자들은 하나씩 직선으로 날아가 두 슬릿 중 한 곳을 통과하고, 통과하지 못한 것은 그 뒤에 벽면에 부딪혀 알갱이 자국을 남길 것이다. 그런데 이상한 일은 지금부터다. 잠시 물을 마시러 자리를 비운 사이 벽면에 알갱이가 아니라 물결 자국이 나 있는 것을 볼 수 있다. 물을 마시러 간다는 것은 미립자라고 생각하면서 봐주는 누군가가 없어졌다는 것이다.

즉, 아무도 없는 상황에서 자동으로 발사된 미립자들은 알갱이가 아니라 물결로 변해서 두 슬릿을 통과한 것이다. 우리가 미립자라고 생각하면서 바라보고 있으면 미립자가 직선으로 날아가 알갱이 자국을 남긴다. 한편 바라보지 않으면 미립자라고 생각하지 않는 결과이므로 물결처럼 퍼져 나가 물결 자국을 남기게 되는 깜짝

놀랄 만한 상황이 벌어진다.

다시 한 번 정리해보자. 우리가 미립자를 바라볼 때 무의식적으로 '저건 확대하면 야구공과 같은 개념의 고체 알갱이야'라고 생각하며 바라보게 된다. 그래서 눈앞에 미립자의 모습이 나타나는 것이다. 그런데 미립자를 바라보지 않을 땐 '고체 알갱이야'라는 생각도 하지 않게 된다. 그래서 미립자는 눈에 보이지 않는 물질로 변하게 된다.

이 실험은 1998년 양자물리학 분야에서 최고 권위를 제공하는 그 유명한 이중슬릿 실험(double-slit experiment)이다.

미립자들은 사람들이 어떤 마음으로 자기를 바라보는지 언제나 고성능 컴퓨터처럼 정확하게 읽고 거기에 맞춰 변화한다. 사람을 포함한 모든 만물은 미립자 덩어리이다. 그렇다면 나를 포함한 모든 우주 만물은 내가 어떤 생각을 품고 바라보는 순간 그 생각대로 눈앞에 현실로 이루어진다.

최첨단 과학 분야인 양자물리학에서까지 생각은 모든 현실을 창조하고, 생각한 대로 이루어진다는 것을 과학적인 실험으로 증명하고 있다.

'난 태어날 때부터 머리가 별로이고 공부에 흥미가 없어'라고 생각하면서 공부를 한다고 상상해보자. 공부가 본업인 중·고등학교 시절에 이런 생각을 하면서 학교나 학원에 앉아 있으면 얼마나 끔

찍한 일인가? 나 자신을 사랑하고 자신을 어떻게 바라보느냐에 따라서 내가 바뀔 수 있다는 사실을 받아들이자. 1801년 토머스 영이 광자의 이중슬릿 실험을 한 이후 약 200년이 넘는 시간 동안 물리학 실험에서 증명이 되고 있지 않은가.

그리고 생각한 대로 공부 습관을 들이고, 생각한 대로 성적이 오르고, 생각한 대로 자신의 진로를 결정하자. 본인이 어떤 사람인지 무엇을 좋아하는지를 찾아가면서 말이다. 나 자신이 나를 사랑하고 나를 어떻게 바라보는지에 따라서 모든 것이 달라질 수 있다. 공부는 나를 사랑하는 습관이다.

지금 잘할 수 있는 것에 집중하라

　곤충은 수차례의 빙하기를 견디며 다양한 환경에 적응하여 지구 최대의 생물 무리로 번성하였다. 지구에서 최초로 하늘을 날았던 생명체는 지금으로부터 3억 5천만 년 전, 새의 출현보다 1억 5천만 년이나 앞선 중생대 쥐라기에 거대한 양치식물 위를 날아다녔던 2m가량의 잠자리였다. 그 이후 곤충은 몸의 크기를 줄이는 방향으로 진화하여 가장 오랫동안 지구를 지키며 현재 지구 동물의 80% 정도에 이르는 종과 개체수를 지니게 되었다.

　곤충의 어떤 점이 이러한 결과를 가져왔을까? 바로 철저하게 경제적이고 단순한 곤충의 생활이다. 곤충의 삶은 쓸데없이 에너지를 낭비하지 않고 생산한 만큼만 소비를 되풀이하는 효율성에 집중되어 있다.

다른 동물들이 부드러운 피부와 골격이 커지는 방향으로 진화하였다면 곤충은 단단한 외골격으로 체구를 키우지 않고 작게 진화하는 쪽을 택하였다. 내외부적으로 몸을 보호하고 야생에서의 생활을 안전하게 하며 실리를 선택하였기 때문에 이렇게 긴 세월 동안 생존이 가능했다고 과학자들은 본다.

공부 습관도 이런 곤충의 생활방식과 크게 다르지 않다. 기본에 충실하고 작고 단순하게 집중하면 된다. 학교 공부가 기본이고, 일정한 시간에 자고 일정한 시간에 일어나는 것도 기본이다. 누구나 하는 기본적인 일에 집중하고 잘 지켜나가는 것이 중요하다.

나는 중학교에 입학한 후 공부를 열심히 해보겠다는 의욕이 충만해 있었다. 내가 생각하는 방법은 학교를 다녀와서 간식을 먹고 잔 뒤, 밤 11시쯤 일어나 식구들이 자는 동안 밤을 새워서 공부를 하는 것이었다. 입학 후 두 달 정도 그런 방법으로 공부했다. 결과는 그리 만족할 수준이 못 되었다. 모든 식구들이 자고 나면 적막한 집안에서 혼자 공부하다가 나 역시 다시 잠드는 경우가 많았다. 잠을 자도 편하게 못 자고, 아침에 일어나 보면 온몸이 찌뿌둥해서 등교하기가 상쾌하지 못했다. 설령 밤을 새우더라도 하루 종일 머리가 멍해 학교 수업 집중이 안 되었다. 그렇게 공부하고 본 1학년 1학기 첫 시험이 좋을 리 없었다.

중간고사 이후 급기야 방법을 바꿨다. 학교에서 돌아오자마자 학교에서 배운 내용을 두 시간 안에 끝낸다는 생각으로 복습을 했다. 그리고 11~12시에 잠자리에 들었다. 교과서와 프린트물이나 필기 내용을 완전히 이해하고, 내 것으로 소화했다 싶을 때 문제집을 풀면서 얼마나 알고 있는지 테스트했다. 그렇게 공부를 하고 1학기 기말고사를 본 후 중간고사와 성적을 평균해서 나온 결과가 전교 3등이었다.

학교를 마치고 곧바로 학원에 가야 하는 경우는 어떻게 하느냐고 질문하는 학생이 있다. 보통 학원이 6~7시에 시작을 하고, 학교가 끝나는 시간이 4시 정도라면 자투리 시간이 있다. 그 시간 안에 복습을 하면 가장 좋다. 하지만 학원 숙제를 해야 하는 경우가 있을 수 있다. 학원도 10시 정도면 끝나기 때문에 자신이 습관을 어떻게 들이느냐에 따라서 두 시간 정도 예상을 한다면 그날 내용을 복습하는 것은 그리 불가능한 일이 아닐 듯싶다.

그날 배운 내용을 그날 복습하는 시스템 자체가 작게 잘라서 반복하는 원리다. 만약 일주일 정도 분량이 밀려 있다면 그만큼 공부량의 덩어리가 커져 있는 것이다. 그 원리에 더해서 과목당 내용별로 나눌 수 있으면 나누어서 반복한다(영어 과목일 때 문법과 단어와 독해 부분을 따로 나누어서 공부한다).

작게 나누어서 학교에서 배운 내용을 복습하는 것은 누구나 할 수 있다. 학교는 누구나 가는 것이고 수업도 누구나 앉아서 들을 수 있다. 공교육이란 모든 학생들에게 기회를 주는 취지에서 시행되고 있다. 따라서 학교 수업을 충실히 따라간다는 것은 누구나 공신이 될 수 있다는 것을 의미한다. 단 그것을 충실하게 따라가야 한다. 그것도 작게 나누어서 하다 보면 공신의 반열에 오를 수 있다.

여기에 더해서 자신을 긍정적으로 생각하자.

교사로 생활하면서 많은 학생들을 만났다. 강의식 수업을 하거나 조별 토론을 할 때 보면, 자신의 의견이나 알고 있는 것을 적극적으로 표현하는 학생들이 있고 그에 비해 소극적인 친구들이 있다. 무엇이든 억지로 시킬 수는 없기 때문에 적극적인 아이들이 표현할 때는 교사는 그것에 대하여 격려해주게 된다. 이때 자칫 좀 더 조용한 성격의 학생들이 상대적으로 의기소침해지거나 부족하다고 느낄 수 있다. 왠지 모르게 자신 없어 하는 모습을 보일 때가 많았다. 그래서 조용한 성품의 학생들에게는 보고서 숙제로 칭찬을 하는 방법 등으로 용기를 북돋아주고자 하였다.

사람들은 누구나 양면성을 가지고 있다. 여러 사람에게 드러내는 활발한 면과 자신의 내부로 침잠하는 조용한 면을 함께 갖고 있다. 그것이 어느 시점과 어떤 환경에 있느냐에 따라 자신이 갖고 있는 면이 발현된다. 조용한 성품의 학생들은 그들 나름대로 찬찬히 과제 수행을 잘한다. 친구들과 팀 과제를 추진할 때 자료를 찾거나 다른 친구들을 챙기면서 전체를 조율해가는 능력이 뛰어난 경우가 많다. 각자의 특징에 맞게 자신이 잘하는 것을 찾는 것이 중요하다.

적극적이기만 하고 조용하기만 한 사람은 없다. 그 두 가지를 모두 갖고 있는데 자기 안에 어떤 부분이 좀 더 많이 있느냐와 주변에 어떤 에너지와 소통하느냐에 따라 어느 한쪽으로 표현되는 것이다. 하지만 그것도 변화할 수 있어서 자기 자신을 단정 짓지 말자. 자신의 가능성을 열어두되 지금 모습을 받아들이고 지금 잘할 수 있는 것에 집중하면 된다. 활발한 친구나 동료가 있다면 그들을 인정하고 열등감을 느낄 필요가 없다. 모두들 자신의 고유한 특성을 사랑하는 것부터 시작할 필요가 있다.

누구나 공신이 될 수 있다. 규칙적인 생활과 그날 배운 것을 그날 복습하는 방법을 일단 시작해보는 것이다. 학원을 다니지 못해서 못한다는 말은 할 수 없다. 규칙적인 생활과 학교 공부는 기본 중에 기본이기 때문이다. 처음에는 힘들더라도 공부에도 관성의 법칙이 적용되어 점점 수월해지고 익숙해진다. 학기가 시작되고 중간고사를 목표로 삼았다면 3월 초부터 5월 초 정도까지 2개월만 지속해보자. 중간고사가 끝나고 기말고사까지 목표로 잡았다면 5월 중순부터 7월 중순까지 2개월만 지속해보는 것이다.

여기에 자신에게 긍정적인 마음을 심어주는 것 또한 누구나 할 수 있다. 마음을 먹고 시작해보면 누구나 공신이 될 수 있다. 지금 당장 시작하면 어떨까?

공부 습관은 눈부신 미래를 가져다준다

1986년은 내가 풋풋한 과학 교사의 꿈을 가지고 대학 새내기가 되던 해이다. 그해 1월 28일, 미국 케네디 우주 센터에서 우주 왕복선 챌린저호가 이륙을 시도했다. 카운트다운이 시작되고 11시 38분 우주선은 힘차게 솟아올랐다. 그러나 발사 1분 정도가 지난 73초후, 큰 폭발음과 함께 전 세계가 바라보는 가운데, 1만 4,020m 상공에서 우주선은 폭발했다. 그때 우주선에 탑승한 일곱 명의 승무원 중에는 교사 크리스타 매콜리프(37세)도 있었다.

나사(NASA)는 1986년 탐사에 대해서 교사를 우주인으로 선발하여 우주에서 원격강의를 하는 획기적인 프로그램을 기획했다. 수많은 교사들이 이 흥미로운 프로젝트에 참여하고 싶어했고, 어린 시절 아폴로호의 달 착륙에 유난히 관심을 가졌던 매콜리프에게도 솔깃한 소식이었다. 챌린저호의 폭발로 인해 1986년 1월 28일은 이렇게 영원히 잊을 수 없는 역사적인 날이 되었다. 그날은 우주를 향한 인간의 도전이 아름답게 산화한 날이다. 특히 평범한 교사로서 사랑하는 제자들을 더 큰 교실로 안내하려던 매콜리프의 꿈과 도전 정신을 생각하면 나 자신을 돌아보게 되고 숙연해진다.

미국 디즈니월드에 있는 테마파크 엡캇(Epcot)에서 우주비행 체험을 위해 모형 우주선에 탑승해본 적이 있다. 우주선이 지구의 중력을 벗어나는 과정을 체험해보는 것인데, 우주선 문이 닫히고, 출발한다는 메시지와 함께 갑자기 울렁증이 밀려왔다. 단순한 울렁증이 아니고 순간적으로 몸은 아래로, 머리는 위로 빠져나가는 느낌이었다. 너무 놀라고 무서워서 소리도 나지 않는 몇 초간의 체험이었다. 이처럼 단순한 놀이기구에서의 체험만으로도 공포를 느끼는데, 그런 공포와 목숨의 위험을 무릅쓰고 수많은 사람들이 우주탐험에 도전하는 이유는 무엇일까?

무엇이 챌린저호 탐사에 한 명의 우주인을 선정하는 데 1만 1,000명의 교사가 응시하게끔 하였을까? 인간은 자신의 목숨까지 내걸면서 미지의 세계에 대한 도전의식과 꿈을 가지고 현실을 철저하게 준비해가는 존재이기 때문이다.

현재는 4차 산업혁명을 준비해야 하는 시기로 인간혁명의 갈림

길에 서 있다고 한다. 인공지능(AI)과 로봇으로 대표되는 4차 산업 혁명의 시대에 꼭 필요한 덕목은 뭘까? 4차 산업혁명의 핵심 키워드는 '융합'과 '연결'이다. 여기에 기본은 '창의성'이다. 구글과 페이스북, 아마존의 성장엔 '과학적 창의성'이 바탕이 됐다. 증강현실(AR)게임 '포켓몬 고'가 인기를 끌었다. 1990년대 일본에서 초등학생용 오락 게임으로 등장한 포켓이 20년 뒤 구글의 위치정보 서비스를 이용한 애플리케이션 게임으로 재탄생했다. 새로울 것 없는 20세기 게임과 어려울 것 없는 위치정보 서비스의 창의적 만남이 새로운 부가가치를 만들어낸 것이다.

과학적 창의성에 더해서 인문학적 창의성도 중요하다. 앞으로 인공지능 차가 운전을 하게 되고, 따라서 돌발 상황이 생기면 운전자와 보행자 중 어느 쪽을 살릴 것인가에 대한 선택을 해야 하는데 이때 인문학 영역이 필요하다. 인류가 살아남기를 원한다면, 자신을 돌아보는 성찰이 필요하다. 50명의 노동력을 대체할 기계가 등장했을 때, 이것을 전적으로 이용할 것인지, 아니면 노동 시간을 나눠서라도 인간이 노동을 할 것인지를 판단해야 한다. 이런 위기 상황에서 필요한 것이 인문학적 창의성이다.

그렇다면 인문학적 창의성에는 무엇이 중요할까? 바로 '언어'다. 과학의 언어가 수학이라면, 인문학의 언어는 말과 글이다. 창의적인 사고와 표현을 하려면 주어진 것을 다르게 생각해보려는 노력과 시선이 필요하다. 또 생각과 감각이 흐르는 것을 말로 잡아낼 수 있어야 한다. 그 도구가 바로 언어다. 언어적 감각과 능력을 배양하는 데 독서와 글쓰기만큼 좋은 게 없다.

독서는 우리에게 많은 것을 경험하게 해준다. 책을 통해서 순식간에 수백 년 전 영국의 다윈 시대로 돌아가게 해주기도 한다. 생물학의 뉴턴으로 불리는 찰스 다윈은 당초에는 의학 수업을 받았으나, 이를 포기하고 지질학과 식물학에 심취하였다. 1831년에 비글호를 타고 5년간 세계 곳곳을 다니면서 광범위한 지질학적 · 식물학적 · 동물학적 자료를 수집하였다. 드디어 항해를 마치고 돌아왔을 때는 2천 쪽에 이르는 18권의 두툼한 공책이 그의 품 안에 있었다. 그는 아메리카 대륙을 남하함에 따라 극히 가까운 종들이 조금씩 바뀌어가는 것을 보았다. 다윈은 이러한 점진적이고 미세한 변화에 주목했다. 따라서 새로운 생물이 갑자기 탄생했다는 종교적인 믿음이나 생물의 구조가 급격한 변화를 일으킨다는(천변지이설, 돌연변이설) 의견을 지지하는 당시의 사회적 분위기에 큰 파장을 일으켰다. 그 후 진화론은 사회학, 심리학 분야 등 인문학 분야에까지 영향을 미치면서 발전해오고 있다.

'점진적이고 미세한 변화'가 축적되어서 그 작은 변화들이 모여 긴 시간이 경과하면 다양하게 진화한다는 다윈의 이론을 우리의 일상에도 적용해볼 수 있다.

공부 습관을 만들 때 작게 잘라서 여러 번 반복하며 조금씩 변화해가는 모습을 상상해보자. 수능 준비를 하고 학교 중간고사나 기말고사를 준비할 때도 마찬가지다. 조금씩 하루에 해야 할 작은 목표들을 완성해가다 보면 어느새 진화된 큰 목표가 눈앞에 성큼 다가와 있다. 비단 공부 습관뿐이 아니다. 누군가와 의사소통을 할 때도 조금씩 자신의 의견을 말하고 상대방의 의견도 물어가면서 소통을 해보자.

이렇듯 사회적 소통이나 학생들의 공부하는 방법, 좋은 습관을 형성하는 방법에도 작은 단위로 세분화해서 시작하는 원리가 적용될 수 있다. 이 원리가 다윈의 진화론과도 연결된다. 우리를 연결하는 기본적인 원리로 모든 것을 설명할 수도 있는 듯하다.

이스라엘에서 가장 큰 규모의 대학인 텔 아비브 대학의 심리학자 리버만(Nira Liberman) 교수는 시야와 지능의 관계에 대한 실험을 했다. 실험 대상은 초등학교 저학년생이다. 처음에는 책상 위의 연필을 사진 이미지로 보여주고, 그다음에는 책상 전체를 보여주고, 그다음에는 교실을 보여주고, 또 그다음에는 학교 건물을 보여주고 그렇게 지구, 태양계, 은하계까지 사진 이미지를 보여주며 시야를 넓히는 방식으로 진행했다.

이번에는 실험의 방향을 바꾸었다. 은하계부터 시작해 점점 책상 위의 연필까지 시야를 좁혀보았는데, 시야가 점점 넓어지는 사진 이미지를 본 아이들이, 좁혀지는 이미지를 본 아이들보다 창의력 테스트에서 월등히 우수한 결과가 나왔다.

지금 이 순간에 집중하자. 무엇을 하든 작은 목표로 나누어서 꼭 실천에 옮겨보자. 동시에 마음속에는 넓은 시야를 갖고 눈부신 미래를 꿈꾸자. 자신의 적성을 찾아서 자신만의 세상을 만들어가는 것이 진정 눈부신 미래가 아닐까. 자신에게 떳떳하게 매 순간 작은 습관으로 실천하고 사고하며 노력한다면 분명 눈부신 미래가 기다리고 있을 것이라고 확신한다.